Contents

Dedicatoria

Este libro lo dedico al Autismo, por ser de los flagelos de nuestros tiempos que ataca y toma a sus victimas.

Sin pedir permiso, y generalmente cuando nadie lo espera, como lo hace la serpiente con cada una de sus victimas, utilizando el factor sorpresa.

Aquí no hay culpables, solo inocentes que poco a poco y sin darse cuenta van cayendo en este pozo cada vez mas profundo, mas enredados, como las redes de una telaraña gigantesca de las cuales no podrán safarse jamas.

Jamas esta es una palabra muy importante y grave para todos los que padecen este SÍNDROME y sus familiares pero hay muchas formas de evitar llegar al fondo del poso, solo tenemos que saber reconocer a tiempo este problema, aceptarlo, y tomarlo por los cuernos. Para esto es este libro para esto lo he escrito, para que todos aprendamos a tomar arlo por los cuernos, pues les soy honesta yo también he aprendido muchas cosas mientras leía e investigaba acerca del fenómeno. La guerra es larga y no podemos descansar cada pequeña batalla que ganemos es muy importante en esta lucha, cada minuto es importante.

Entonces convirtámonos en los guerreros más audaces y no le demos tregua a este flagelo, comencemos a luchar.

Prologo

En 5/4/97 enterraron a unos hermanitos gemelos, hecho que pudo haberse evitado, y que ha dejado consternado a toda la ciudad de Miami y sus alrededores, acusan de este fatídico hecho a su hermano mayor de 17 anos de edad {biológica} que tomo a sus hermanitos y los lanzo desde un balcón en el 6to piso del edificio en que vivían con sus padres. Según la prensa la mama se quedo dormida, ajotada por el cansancio y la fatiga, fue entonces cuando ocurrió esta tragedia: El hijo de 17 anos es un joven Autista cuya edad real debido a este síndrome y a otras complicaciones que él padece dista mucho de ser la edad biológica, y por supuesto su desarrollo mental no es para nada el de un muchacho de la edad mencionada por la prensa.

Debido al retraso mental y al tumor que tiene en el cerebro su verdadera edad es escasamente 3 anos; Esta tragedia ocurre en la ciudad de Miami estado de la florida en los Estados Unidos De América. Pero bien puede ocurrir en cualquier parte del mundo.

Independientemente de tener dos hijos Autista, estas cosas y otras mas como por Ej: El caso de un niño Colombiano que vivía en la total miseria en un campo sin tener siquiera una cama donde dormir, amarado todo el tiempo pues sus padres tenían miedo {justificado} pues cerca de allí había o hay un río, hicieron que el infeliz niño se convirtiera en el hazmerreir del pueblo sobre todo en la riza de los niños restantes del barrio que debido a su ignorancia y falta de conocimiento suelen ser crueles con niños de su misma edad cuando hay algo que ellos no alcanzan a entender.

Todos estos lamentables sucesos me han dado la fuerza para seguir adelante con este proyecto, niños inocentes, familias destrozadas que no saben que hacer, a quien acudir, y en muchos casos ni tan siquiera

Imaginan cual es realmente el problema que tienen sus seres queridos y como lidiar con él.

Este libro tiene por lo menos lo que yo considero que deben de saber para poder reconocer, luchar, y pedir ayuda cuando la necesiten, esta información general abarca los puntos mas importantes y de esta forma poder ayudar en algo para que cosas como estas sean cada vez menos vistas en nuestra sociedad, estos niños necesitan de nuestra ayuda, estas familias necesitan de nuestro apollo y para esto necesitamos tener cada día mas y mejores conocimientos.

Eduquémonos, ayudemolos entonces y pongamos una sonrisa en todos sus rostros.

Identificando El Autismo:

Los 25 pasos para identificar cuando un niño o adulto tiene el síndrome del Autismo.

Manifestaciones de conductas:

1 Se muestran indiferente a su ambiente: Esto significa lo siguiente; El niño puede estar rodeado de otros niños jugando sin embargo él esta aislado, no participa en los juegos, Si esta situación se hace regular el niño/na podría estar mandando el mensaje de que tiene un problema serio al que hay que ponerle atención.

2 No responde a la figura humana. EN el ejemplo anterior los demás niños no existen para él. El esta habitando dentro de su propio mundo y para el no existe otro.

3 Respuestas raras o estaños a diferentes aspectos del ambiente. Cuando el niño/na dan respuestas incoherentes a la situación que los rodea.

4 No miran a la persona en si, NO miran directo a los ojos manteniendo la mirada en contacto con la persona con quien están hablando. Esto significa que tienen la mirada vaga o perdida dando la sensación de que miran atreves de la persona pero no a la persona en sí.

5 Respuestas facial nula. No muestran ningún tipo de respuesta con sus rostros.

6 Rechazan el afecto y el contacto físico. No les justan que los toquen, abracen etc.

7 No responden cuando se les llama. Ellos oyen pero no escuchan o sea no atienden al llamado, no les interesa, están metidos en su mundo interior.

8 Actúan como si fueran sordos. Ellos viven dentro de su mundo y no ponen atención al llamado que otras personas les haga, una manera de comprobarlo es poniendoles en el TV algo que sea de su agrado si deja lo que esta haciendo para correr al TV significa que tiene toda la capacitad necesaria para escuchar y de ende para poder hablar.

9 Deterioro notable en la habilidad de la comunicación. Este es el punto más notable, los niños /n comienzan a articular sus primeras palabras como lo hacen los demás niños pero a cierto tiempo su vocabulario se paraliza y ellos dejan de hablar, no hay frases ni fluidez, y mucho menos consistencia, en algunos casos solo emiten sonidos, comenzando a señalar lo que desean tomar, comer o jugar con sus manitas.

10 Se identifican por largos periodos de tiempos con objetos inanimados manipulandolos en forma circular. Juegan con un o

varios objetos por largo periodos de tiempo siempre I cuando ellos los manipulen.

11 Caminan en la punta de los pies. Son verdaderos acróbatas.

12 Movimientos repetitivos de las manos delante de los ojos, balancearse y brincar.

13 Miran mucho tiempo fijamente superficies brillantes.

14 Se cubren los oídos con las manos. Les molesta los sonidos fuertes, y agudos.

15 Producen sonidos propios repetidamente.

16 Se esconden cuando hay sonidos fuertes. Si hay visitas en la casa se marchan a su cuarto o a su lugar preferido para estar a sola y tranquilos.

17 Golpean objetos ritmicamente con las manos o con algún otro objeto golpean también el piso.

18 Se masturban, se hacen cosquilla, se golpean y otras maneras de autoestimulante

19 Huelen todos los objetos insistentemente.

20 Rechazan los alimentos que son estimulantes y tienden a tragar los alimentos sin masticar.

21 Tolerancia limitada a varios sabores. Son selectivos en cuanto a sus comidas.

22 Rabietas, berrinches y llantos sin causas aparentes.

23 Rizas injustificadas para nosotros. Para ellos esa riza es normal pues ellos si saben de que se están riendo en su hermético mundo.

24 Precocidad marcada en la organización de objetos acompañado de rechazo enérgico al cambio de rutina.

25 Coordinación motora precoz (precisión, exactitud y habilidades manuales extraordinaria).

Esta importante lista la tome del maravilloso libro (Autismo orientación y alerta) el cual es un magnifico exponente de lo se trata esta temática, agradezco a l autor por su tiempo, dedicación y conocimientos puesto al servicio de tantas personas necesitadas incluyendome yo.

Si aparecen mas de uno de estos síntomas es recomendable un examen neurologico, uno auditivo y uno visual, ademas del examen general convencional.

Si llevan a l niño/na a un examen neurologico primero que nada asegúrense de que el neurólogo tenga conocimientos acerca de Autismo para que de esta forma se eviten y le eviten tener una mala experiencia al niño o persona adulta, pues el Autismo es realmente algo nuevo y aun esta en fase de estudios e investigación.

Los niños autistas sufren por percibir: con demasiada intensidad , con muy poca intensidad, o de una manera confusa las sensaciones, de modo tal que el mismo se aísla de su mundo circundante y se concentra en si mismo y en alguna experiencia para evitar su malestar; Esta dicho en el libro AOrientación y alerta@

Y yo lo explicaría con lo vivido por mí en Mary mi hija.

Hubo una época en la que Mary antes de tomar o comer nada olía todo los alimentos. Despúes hubo otra época en la cual se cubría los oídos con las manos ante los sonidos muy fuertes o agudos. También gustan de saltar en las camas y trepar en los muebles buscando altura; En ocasiones su conducta es repetitiva.

Cuando hablamos con ellos en la mayoría de los casos no nos miran directo a los ojos, si no que se concentra mirando sus manos y en los movimiento de sus brazos.

Todas estas conductas están plasmadas y explicadas en el libro Aautismo, orientación y alerta@ en el cual se habla sobre la observación y evaluación de la conducta: hipersensibilidad Visual, Hiper sensitiva Auditiva, Hiper sensitiva táctil, Hiper sensitiva del gusto e Hipersensibilidad del olfato.

¿Por Qué Yo?

Esta es una pregunta que todos los padres y las madres nos hacemos cuando esto ocurre en la familia, pues no entendemos porque nos ocurre algo tan dulcemente triste;

Dulce porque la llegada de un hijo es lo mas hermoso que nos puede pasar, un hijo es el renacer a la vida, es la continuidad de nosotros mismos, es la semilla del amor, pero es ms aun es la perpetuación de la raza humana sobre la faz del planeta.

Triste porque todos deseamos ver a nuestros hijos sanos y felices sin ningún tipo de problemas, para que de esta manera puedan enfrentarse a los problemas del constante vivir y salir adelante lo mejor posible de acuerdo a su capacidad mentalidad y principios; por esto es (Difícilmente triste).

Mirandolo desde el punto de vista espiritual siento con la mayor honestidad lo siguiente:

Estos niños son sin duda especiales y por tanto necesitan padres especiales que cuiden y guíen sus pasos.

Creo ademas que nosotros mas que ser seleccionados hemos elegido todas estas pruebas o caminos antes de nacer o sea antes de encarnar en la materia que es nuestro cuerpo, para poder transitar en este planeta pues no es un secreto para nadie que somos una dualidad.

¿Qué logramos con esto?

Logramos crecer espiritualmente, aprendemos a tener paciencia, constancia o perseverancia, nobles y tenacidad, pero mas importante aun, aprendemos a valorar a estos niños que desde un mundo pequeño crean su propia defensa y poder sobrevivir. Yo he aprendido a no sentir lastima por ningún mal llamado AImpedido pues estos tienen un gran valor que los ayuda y los convierte en pequenos gigantes capaces de opacar a quienes tienen o tenemos todas las posibilidades y las dejamos escapar por cobardía muchas veces siendo entonces Aenanos raquíticos@ de una situación determinada.

Desde la parte humana considero que es nuestro deber hacer todo lo posible por quienes no tienen de nigun modo la culpa de lo que les ha tocado vivir y quienes no nos dijeron quiero nacer pero tampoco dijeron Quiero nacer. Todos unidos tenemos que seguir luchando, aunando ideas quitando escombros, para poder alcanzar la luz en este camino de obstáculos y sombra, para que algún día el autismo pase ha ser solo parte de la vieja y desgastada historia de la humanidad en el planeta tierra. Que dios los bendiga a todos y no perdamos jamas la fe y la esperanza

De acuerdo al libro: La vida antes de la vida escrito por la psicóloga Helen Wanilsach, en el cual ella explora bajo hipnosis a 750 personas estos reviven extraordinarios momentos de días y meses antes de su aparición en el mundo por su nacimiento. Esta son casi sus palabras textuales con las que ella presenta su libro. Aunque aun no termino de leer el libro en su totalidad la mayoría de nosotros elegimos venir a la tierra y elegimos ademas todos los problemas, contratiempos y todo lo que va ha ser nuestra vida y he aquí la frase que diría: Cada uno ya nace con su destino. Un destino que después podemos mejorar, pero del que nunca nos podremos escapar, son pruebas que necesitamos para crecer espiritualmente y que en la mayoría de los casos, repito, hemos elegido voluntaria mente y que permanecen dormidas en nuestro subconsciente.

Espero que esto conteste con mas claridad aun la pregunta que todos nos hacemos cuando nos sentimos frustados e impotentes ante cualquier situación.

Nuestro verdadero yo, el que habita dentro de nuestro cuerpo, no muere jamas. ¿Por qué? Porque no hes materia y solo la materia se destruye y se pudre, nosotros utilizamos la materia, la casa que es nuestro cuerpo para poder funcionar en estre planeta por eso un día dejamos de funcionar porque como materia al fin se ha de destruir.

Pero siempre que tengamos algo nuevo e importante que aprender o ensenarles a otro seguiremos regresando tomando nuevos cuerpos, nuevas formas, nuevos nombres y nuevas y maravillosas experiencias.

El ser no tiene sexo podemos ser hombres y venir de mujer en la próxima vida o viceversa, todo depende de l vida misma.

Recomiendo leer este libro, tiene datos muy importantes y reveladores.

Hay en el mercado otro libro mas interesante aun llamado. (Muchas Vidas Muchos Sabios) que también trata sobre este tema. Yo ya pensaba de esta manera aun sin haber leído estos libros pero recomiendo que lo lean pues entonces comprenderán muchas cosas y sen sentiran mucho mejor para enfrentarse al problema.

Concejos Prácticos Y Necesarios.

Comienzo hoy a trabajar de nuevo y esta ves voy a hacerlo en el tema de los concejos útiles, práctico y necesarios cuando tenemos en casa y bajo nuestra responsabilidad la crianza de niños con el síndrome de autismo. En mi libro hablo a cerca de ello pero en este caso pretendo hacer un sumario para enumerar los que yo considero importantes y algunos que voy a traducir de una lista que aparece en un folleto de la Asociación América de Autismo. Ellos seguramente tienen incluidos los que yo con mi experiencia considero importantes, espero que estos concejos sean de utilidad para todos los familiares de estos niños, jóvenes o adultos y especialmente lo sean para la seguridad y el aprovechamiento de ellos.

1 No importa lo difícil que sea la situación trata de mantener el buen humor, cualquier disgusto es menor cuando hay una sonrisa, disfrute el buen humor de su hijo.

2 La rutina diaria debe de organizarse para tener tiempo para otros niños o miembros de la familia; Es importante que ellos no se sientan sin afectos, lo aconsejable es envolverlos en la situación, darle participación para que ellos ayuden y se sientan necesarios y parte de la familia.

3 Debe de haber en la casa lugares donde ellos puedan jugar sin tener peligros, para esto se recomienda un cuarto (su cuarto) dentro de la casa. Y si van ha estar en el patio este debe tener una cerca alta y siempre que sea posible debe haber una persona responsable supervisandolos.

4 En vista de que ellos no tienen conciencia del peligro las puertas de entrada y salida deben tener cerraduras de llave y las llaves deben guardarse fura del alcance de los niños/nas. Las ventanas deben tener rejas dejando una combinación para escapar en caso de emergencia (fuego etc.)

5 Cuando su niño/na grita o se enfurece para no cambiar su mundo (su rutina) la mejor solución es ignoralo.

6 Mientras mas usted trate mejor lo hará el niño, pero no se desespere pues esto no es una cura mágica y recuerde que no debe sacrificar a toda la familia todo el tiempo por uno solo de sus miembros.

7 Son muy activos (hiper activos), para controlarlos deles algo que hacer que a ellos les guste.

8 Cuando el niño/na se vuelve agresivo nervioso durante una actividad hay que suspenderla.

9 Los niños/nas autistas no se les puede dar la oportunidad de ignorar una orden (instrucción) que le ha sido dada, esta debe ser corta, clara y precisa. Ej. ¡Cierra la puerta!

10 Nunca asuma que el niño/na entiende lo que usted le esta diciendo, las palabras tienen que ser apoyadas por movimientos corporales.

11 No trate de suplir todas las necesidades de su hijo/ja, dejelo hacer, tomar, alcanzar algo. Dejelo valerse por si mismo.

12 Trate de encontrar la mejor vía para que su niño/na aprenda, sonidos (música, palabras) el tacto o incluso el olfato, ej. tomamos una flor se la damos a oler y le decimos la palabra flor, aquí estamos usando el olfato y las palabras.

13 El contacto a los ojos es importante para la comunicación . Haga que su hijo la mire a los ojos, pero si esta haciendo un trabajo debe mirar el trabajo.

14 El niño autista necesita que se le llame la atención para que atienda.

15 No trate de ensenale muchas cosas al mismo tempo, valla poco a poco y repase lo que le ensenó.

Esto son alguno de los concejos mas importantes que he traducido para ustedes, pero tengo que enfatizar que cada caso es diferente ya que el autismo presenta distintos niveles y ustedes son los que al

poner en practica estas reglas deben decidir cuales pueden funcionar
o no en cada caso. Buena suerte.

Introducción:

Una pareja se casa llena de Amor, pero desgraciadamente no siempre ocurre como en los cuentos de hadas donde todo es hermoso, perfecto y la felicidad es eterna. Y, ¿qué es la felicidad? ¿Dónde está realmente?

¿Porque siempre pensamos que otros momentos ya vividos fueran mejores y nos pasamos la vida corriendo tras ella y nunca la encontramos? Amigos míos, las preguntas son interminables, las respuestas dependen de nuestras manera de asimilar el problema y de enfrentarlo, la respuestas están en nuestro corazón, y no en nuestras mentes porque la mente es fría y calculadora. Y el corazón es libre y amoroso; en ocasiones la respuesta es una mezcla ambas cosas.

La felicidad es un sueño que creamos para que la estancia en este planeta, en el cual tenemos que pasar por tantas duras pruebas nos scan un poco más llevaderas la felicidad es la capacidad que tiene todo ser humano para formase metas, crear sueños y vivir a través de los mismos.

La felicidad es la paz interior que tratamos de conseguir con nuestras buenas obras, la felicidad es poder dar; es poder amar, es saber que siendo feliz hacemos felices a quienes nos rodean pues somos capaces de transmitir a otros, esa paz interior y esa alegría de vivir; La felicidad es un cúmulo de cosas, sentimientos y emociones. Por eso aun en los momentos más difíciles. Somos felices porque todo ellos unidos forman porte de la vida y la vida es sin duda el mejor regalo que Dios ha hecho al hombre.

Autismo:

"¿Por qué yo?" Esto es una pregunta que todo padres y madres nos preguntamos cuando esto ocurre en la familia, pues no entendemos porque nos ocurre algo tan dulcemente triste; Dulce porque la llegada de un hijo es lo más hermoso que nos puede pasar, un hijo es el renacer a la vida. Es la continuidad de nosotros mismos, es la semilla del amor. Pero, es más aun, es la perpetuación de la raza humana; sobre la faz del planeta que se bambolea en los aires como una diminuta bola de pimpón.

Tristeza porque todos deseamos ver a nuestros hijos sanos y felices sin ningún tipo de problemas, para que de esta manera puedan enfrentarse a las situaciones del constante vivir, y salir adelante lo mejor posible de acuerdo a su capacidad mental y principios.

Por esto es dulcemente triste.

Yo mirándolo desde el punto de vista espiritual, siendo con la mayor honestidad lo siguiente; estos niños son sin duda especiales y por tanto necesitan padres especiales que cuiden y guíen sus pasos, creo además que nosotros más que ser seleccionados hemos elegido todas estas pruebas o caminos antes de nacer o sea antes de encarnar en la materia que es nuestro cuerpo, para poder transitar en este planeta pues no es un secreto para nadie que somos una dualidad.

"¿Que logramos con esto?" logramos crecer espiritualmente, aprender a tener paciencia, constancia o perseverancia, nobleza y tenacidad. Pero más importante, aun, aprendemos a valorar todas estas virtudes para desde ese mundo pequeño e indefenso crear su propia defensa y poder sobre vivir.

Yo he aprendido a no sentir lastima por ningún mal llamado impedido pues estos tienen un gran valor que los enardece y los agranda convirtiéndolos en pequeños gigantes capas de opacar a quienes tienen o tenemos todas las posibilidades y las dejamos escapar por cobardía muchas veces, siendo entonces enanos raquíticos de una situación determinada.

Desde la parte humana considero que es nuestro deber hacer todo lo posible por quienes no tienen en algún modo la culpa de lo que les ha tocado vivir y de quienes no nos dijeron ¡ no quiero nacer ! pero tampoco dijeron ¡ Yo quiero nacer !; todos unidos tenemos que seguir luchando aunando ideas, quitando escombros para poder alcanzar la luz en este camino de obstáculos y sombras para que algún día el Autismo pase hacer solo parte de la vieja y desgastada historia de la humanidad en el planeta tierra.

Que Dios los bendigas a todos y que no perdamos jamás la fe y la esperanza.

De acuerdo al libro 'La Vida Antes de la Vida' escrito por

La psicóloga Helen Wanibach en el cual ella explora bajo hipnosis a setecientos cincuentas personas, estos revivieron extraordinarios momentos de días y meses antes de su aparición en el mundo por su nacimiento esta son casi sus palabras textuales con la que ella presenta su libro.

Aunque aún no termino de leer el libro en su totalidad la mayoría de todo nosotros elegimos venir a la tierra y elegimos además todos las problemas, contra tiempos y todo lo que va a hacer nuestra vida he aquí la frase que diría "Cada uno ya nace con un destino" un destino que después podremos mejoran pero del que nunca nos podremos escapas son pruebas que necesitamos para crecer espiritualmente y que en la mayoría de los caso repito, hemos elegido voluntariamente. Y que permanezcan dormidas en nuestro subconsciente.

Espero que esta conteste con más claridad aun la pregunta que todos nos hacemos cuando nos sentimos frustrados e impotente ante cualquier situación.

Nuestro verdadero yo, el que habita dentro de nuestro cuerpo, no muere jamás '¿por qué?' porque no es materia y solo la materia se destruye y se pudre nosotros utilizamos la materia la casa que es nuestra cuerpo para poder funcionar en este planeta por eso un día dejamos de funcionar porque como materia al fin se ha de destruir.

Pero siempre que tengamos algo nuevo e importante que aprender o enseñarles a otros seguiremos regresando tomando nuevos cuerpos, nuevas formas, nuevos nombres y nuevas maravillosas experiencias.

El ser no tiene sexo podemos ser hombre y venir de mujer en la próxima vida o viceversa todo depende del propósito de la vida misma.

Recomiendo leer este libro tiene datos muy importantes y revolantes.

Hay en mercado otro libro más interesante aun llamado 'Muchas Vidas Muchos sabios" que también trata sobre este tema. Yo ya pensaba dé esta manera aun sin haber leído estos libros, pero recomiendo que los lean pues entonces comprenderán muchas cosas y se sentirán mucho mejor para enfrentarse al problema.

Nace el Niño/a

Comencemos por el principio, hace diez años nació mi segunda hija a quien llamamos Mary Berland, Mary en realidad fue mi tercer embarazo antes que ella había perdido un embarazo de cuatro meses y medio, era una niña a quien yo soñaba en llamar Elizabeth, mi primer hija se llama Esther, es una niña normal y completamente sana.

En mi familia y en la de mi esposo no ha existido nunca anteriormente nadie con Autismo.

El embarazo de Mary fue normal sin mayores contratiempos llegado el momento del parto nació Mary una bella niña de pelo rubio, tés muy blanca, con algunas pequitas en la cara y unos bellísimos ojos azul cielo más que una niña parecía un ángel bajado del cielo; Ella fue chequeada por los doctores y todo estaba en orden.

Comenzó a pasar el tiempo y la vida tendía su trampa Mary se desarrollaba normal como cualquier niño de su edad hasta que empecé a notar síntomas que me decían que mi hija era una niña diferente a las demás con características distintas entonces aunque yo percibía de que se trataba no conocía la definición del síndrome el Autismo.

Mary comenzaban a hacer maromas era y es demasiado

Igual para ellos parecía una niña de trapecio; se paraba de cabeza para ver el televisor frecuentemente, no jugaba con los niños cuando estaba en el grupo, prefería estar consigo misma, cuando comenzó a caminar lo hacía en la punta de los pies parecía una valeriana es que lo hacía muy bien.

Mientras todo esto curial habla comenzaba a desarrollarse dando comienzo a las palabras, pero a la edad de los tres años se detuvo su vocabulario.

No había frases completas ni incompletas, la niña comenzaba a pedir las cosas por señales que su papa, yo, y el resto de la familia comenzábamos a entender

La vieron varios pediatras durante esos tres años, ninguno encontró nada anormal en su cuerpo, pero el mal estaba ahí oculto en el misterioso bosque del cerebro humano la batalla tanto para ella como para el resto de la familia que la queríamos recién comenzaba.

En una ocasión después de cierto tiempo un pediatra de Origen Americano Dr. Recental confirmo lo que yo sospechaba la niña tenía algún tipo de anormalidad aunque no se sabía de donde ni por qué, era algo que él se iba de las manos; Fue entonces que me recomendó a un sicólogo y allí.

Fui yo con ella, después de observarla y de una rigurosa charla me pidió que no me apresurara me explico que hasta los cinco años ella podía cambiar y desarrollar, que habían niños que eran retrasados en algunas cosas sin que esto significara en algún modo que tuvieran algún problema especial.

Pasó el tiempo y todo seguía más o menos igual espere los cincos años que él me había recomendado, la niña estaba en edad escolar ella aun no iba a hacer sus necesidades {Que hacer} {A donde mandarla} Las preguntas eran interminable la mayoría sin respuestas.

Entonces quise probar y la puse en la misma escuela a la que se encontraba asistiendo mi hija ESTHER {Lincoln Martí} que se encuentra situada en la ciudad de Hialeah.

Al cabo de un tiempo tuve que sacarla del colegio pues los maestros no sabían controlarla, para mucho de ellos Mary era todo un caso, y tenía razón ella no era como las demás niños, ella es un coso especial.

En el proceso de averiguar e investigar pasaron dos años en una ocasión cuando llevaba a mi hija Esther a escuela pública {Brad more Elementar} su directora vio a Mary y quiso hablar conmigo, esta señora se convirtió en el rayo de luz que yo y mi familia necesitamos, y es por ello que quiero agradecerle públicamente su gran y oportuna ayuda.

Ella conocía {conoce} el problema pues ella lo estaba viviendo en carne propia pus ella tiene una hermana autista.

Después de hacer varios contactos ella fue evaluada y declarada como una niña Autista; así al fin pudo comenzar en la escuela en clases especiales alfan habíamos comenzado en esta ardua y dura batalla de la que solamente el tiempo y constancia dirán la última palabra.

Mary fue llevada a un siquiatra he incluso a un síquico quien fue muy honesto demostrándome una gran preocupación por la niña, pero no podía darme garantías de curación.

Ahora mi esperanza es poder algún día llevarla al tratamiento con los delfín, ellos son mi próximo paso.

Los síntomas son muchos y muy variados, pero los más sobresalientes desde mi punto de vista {De alguien que tiene dos hijos Autista} son:

A Son hiperactivo

B Son muy selectivos

C Se aíslan y no dejan penetrar a nadie en su mundo son pocos los elegidos

D Tienen graves problemas de comunicación

E Son agresivos o pueden llegar a serlo

Sexualmente se masturban, se muerden, pellizcan, para auto estimularse táctilmente.

Estos son a mi pensar los más visibles para cualquier padre o madre a continuación voy a darles una lista de vente y cinco pasos en los que todos podemos saber cuándo un niño o persona adulta tiene algún grado de este síndrome.

Manifestaciones De Conductas

1 Se muestran indiferente a su ambiente.

2 No responde a la figura humana.

3 Respuestas raras o extrañas a diferentes aspectos del ambiente.

4 No establecen contacto visual, miran hacia otro lujar o miran a través de la persona, pero no a la persona.

5 Sus respuestas faciales son nulas.

6 Rechazan el afecto y el contacto físico.

7 No responden cuando se les llama.

8 Actúan como si fueran sordos.

9 Deterioro total en las comunicaciones

10 Se identifica por largos periodos de tiempo con objetos inanimados, manipulándolos en forma circular.

11 Caminan en las puntas de los pies.

12 Movimientos repetitivos de las manos delante de los ojos, balancear, y brincan muy a menudo.

13 Milán fijamente superficies brillantes, por mucho tiempo.

14 Se cubren los oídos con las manos, ante sonidos agudos o fuertes.

15 Produce sonidos propios repetidamente.

16 Se esconde cuando hay ruidos Fuertes.

17 Golpea objetos rítmicamente con las manos o con algún objeto golpea el piso.

18 Se masturban, se hacen cosquillas, se golpean y otras maneras de auto estimulante.

19 Huelen todos los odreros insistentemente.

20 Rechaza los alimentos que son estimulantes y tienden a tragar los alimentos sin masticar.

21 Tolerancia limitada a varios sabores.

22 Rabietas, llantos y berrinches sin causas aparente.

23 Risas injustificadas.

24 Precocidad marcada en la organización de objetos Acompañados de rechazo enérgico al cambio de rutina.

25 Coordinación motora precoz {precisión, exactitud, habilidad}.

Manual Extraordinaria

{Lista fue tomada por mi persona del fabuloso libro
Autismo Orientación y Alerta}

Si se observa varias de las antes mencionadas con frecuencia, intensidad y duración hay que buscar ayuda profesional de inmediato se recomienda un examen neurológico uno auditivo y uno visual además del examen general convencional. Los niños autistas sufren por percibir con demarcada intensidad, con muy poca intensidad o de un modo confuso las señalaciones, de modo tal que el niño se aísla de su modo circunstante y se concentra en sí mismo y en alguna experiencia para evitar su malestar.

Esta dicho en el libro "Orientación y Alerta." Yo lo explicaría así. Ejemplos vividos por mí en mi hija Mary.

Hubo una época en la que Mary antes de tomar o comer nada olía todos los alimentos.

Después hubo otra época en la cual se cubría los oídos con las manos ante los sonidos muy fuertes o agudos. También justan de saltar en las camas y trepar en los muebles buscando altura, en ocasiones su conducta es repetitiva. Cuando hablamos con ellos no nos miran directo a los ojos si no que se concentran mirando sus manos y los movimientos de sus manos.

Todas estas conductas están plasmadas y explicadas en el libro "Autismo: Orientación y Alerta" en el cual se habla sobre Observación y Evaluación de conducta: Hipo sensitiva visual; Hipos sensitiva auditivo; Hipo sensitiva táctil; Hipo sensitiva del gusto; e Hipo sensitiva del olfato.

Son Hiperactivos.

La hiperactividad es algo clásico en la mayoría de los niños Autista, están continuamente en movimientos por ello son tan difícil de controlar, su energía es duplicada y su fortaleza también.

En la etapa en que se encuentra mi hijo Ernest {es el más pequeño de todos} es agotador, ya que todo lo que hace es peligroso y constantemente en movimiento buscando siempre que hacer.

En su caso su Autismo es leve si lo comparamos con otros tipos de Autismo en los cuales puedo existir complicaciones de retraso u otros tipos de problemas, es un niño muy observador, maldito, e inteligente y todo esto agudiza más el peligro pué pudiera hacerse daño el mismo.

Por ejemplo {él tiene cinco años en el momento en que redacte este libro} en estos momentos en que lo estoy transcribiendo tiene gracias a Dios ocho años de edad.

Mary cuando tenía esta edad en varias ocasiones se me fue de la casa toman la calle y a correr; les encantan tomar el aire y que este les dé en la cara, gracias a Dios en ese momento ya vivía en un campo de fraile y los peligros eran muy pocos, pero a pesar de esto tome varias precauciones para que esto no se repitiera; y de esto hablaremos más adelante. El peligro consisten en que a ellos a la vez que corren juegan con las sombra que forma ellos con sus cuerpecitos, y no se detienen cuando se les llama, y esto sobre todo para los que viven en las grandes ciudades es demasiado peligrosa ya que están expuestos al tráficos perderse y al no saber el número de teléfono {pues la mayoría de ellos no saben hablar} este es el problema más grave que tienen COMUNICACION estarían en un grave PELIGRO aun cuando se encontraran con alguien que quisiera ayudarlos, sería muy difícil al no ser que llevaran con ellos algo que los identificara, en el caso de los Autistas niños, casi nunca ocurre así o que la persona lo llevara directamente a una estación de policía.

Lo recomendable es llamar a la policía inmediatamente entregar una foto, la más reciente y clara que se tenga,
Avisar a demás familiares y amigos para que entre todos
Se haga una búsqueda por los alrededores, permaneciendo siempre un familiar en casa pues en caso de que el niño regrese o alguien tenga alguna noticia para comunicar.

Otra manera es que lleven con ellos algo que los pueda identificar {yo trate esto i no me funciono pus ellos se quitaron las cadenas que les mande a hacer con la identificación} pero esto no quiere decir que no funcione

En los demás yo diría que valdría la pena que probaran.

Recordemos que nuestra sociedad está llena de peligros
Desde rituales satánicos hasta traficantes de niños.

La hiperactividad los lleva a dormir pocas horas solos necesitan cuatro horas de sueño y ya están de nuevo listo para comenzar esto es también un grave problema pues los demás mie4nbros de la familia necesitamos de seis a ocho horas de descanso, hay doctores que le dan una medicina para relajarlo y dormirlos pero esta medicina es muy fuerte tiene que ser suministrada por un doctor y en las dosis que el indique.

Mary mi hija la tomo por cerca de dos años cuando comenzó en la escuela a la vez que se adoptó la medicina fue suspendida por mí y nunca más volví a dársela.

A Jr. nunca se la he dado por ello he pasado más trabajos para controlarlos pero quiero que mis hijos tengan sus cuerpos limpios pues no pierdo las esperanzas de que en cualquier día exista la cura para esto y de esta forma
Su organismo estará en mejor condición para asimilar el
Proceso.

Yo cuando los veos demasiados excitados les doy el Benadir es menos fuerte y los relaja, pero esto debe de ser decisión de cada padre en particular.

Siempre que a un niño Autista se le cambia su rutina se altera y su hiperactividad se acentúa por ello es que tenemos que ser cuidadosos en los lujares a donde los llevamos, con quienes los llevamos, con quien se relacionan y tomar todos las medidas de precaución posible ya que cuando esto pasa estos niños o personas malorease vuelven impredecibles.

Son además muy persistentes cuando desean algo, si no
Se les da se enojan siendo agresivos, son ellos mismos se
Pellizcan se arañan o muerden. No obstante a esto es necesario enseñárseles que no pueden tener o tomar todo lo que a ellos se les ocurra, y para esto hay que disciplinarlos a la vez que se les dice a algo que no tiene mantenérseles y tratar de que no se hagan daño.

El darle alguna nalgada no les ensena puesto que en su mundo todo es un juego constante, todo es una hermosa fantasía y esto sería la muestra de que han logrado llamar la atención por consecuencia lo seguirían haciendo ese tipo de castigo nunca dará resultados, en un niño o persona con este síndrome. Claro esto es si el nivel del síndrome es muy elevado, recordemos que hay diferentes niveles, dependiendo del grado de lucidez que tenga el niño, y la edad mental de este, lo más efectivo en la mayoría de las ocasiones es si son muy pequeños tratar de hacérselos entender contándole un cuento donde se refleje una situación igual o similar a lo ocurrido, o de lo contrario contándolos de castigo por un rato, esto debe de ser firme y no levantarle el castigo hasta no se haya terminado el tiempo indicado.

Son Selectivos:

Los niños o personas con este problemas son selectivos en su pequeño y pintoresco mundo donde manda la imaginación no todos pueden penetrar, ellos escogen a sus elegidos, tienen un cesto sentido desarrollado para saber quién los quiere y quien simplemente los tolera; o quien simplemente no los soporta; Mi consejo como madre es que cuando uno de sus hijos Autista o no quiera acercársele a alguien aunque ese alguien sea miembro de la familia {NO LO OBLIGUEN} el niño/no tiene sus razones y estas tienen que ser respetadas aunque no necesariamente entendidas, se ven muchos casos de abusos infantil de todo tipo incluso sensual incluso {el incesto} porque los padres confían demasiado los tíos u otros miembros de la familia; Respete la decisión de sus hijos y vallase por la tangente diciendo por ej. Que es un niño poco sociable o, que está muy malcriado etc.

Así no volverá a ser molestado y en la primera oportunidad que tenga hable con el niño/no he indague con astucia para lograr saber el verdadero motivo de ese rechazo de no tener resultados positivos la próxima vez que esa persona se encuentre cerca de su niño observe cuidadosamente todo los detalles y si en algún momento alguno de estos detalle les dice que algo anda turbio hable directamente con la persona indicada si se trata de alguien muy violento busque alada de inmediato en un centro de ayudas para familias con un consejero que podría servir de intermediario, o por ultimo de parte a las autoridades si se trata de un caso de abuso sensual o sicológico actué usted no espere que el menor lo haga él/ella no tienen los conocimientos, ni la facultad para hacerlo, además recuerde que en la mayoría estos niños son amenazados por estas personas que a su vez en la mayoría de los casos son personas con un pasado turbulento y que a su vez necesitan también de ayuda psiquiátrica. Separe a ser hijo de esta persona, y de ser posible camelo de ambiente y para terminar muéstrele la cara hermosa de la vida, enséñele que no todos los seres humanos son de bajos instintos y que a pesar de todo Vale la pena vivir.

Son selectivos con sus comidas, Yo recuerdo que cuando Mary era pequeña tuvo una época en la que le dio por comer arroz blanco con frijoles negros, Yo le decía que lo que tenía de Cubana se le salía por los poros a pesar de tener aspecto de Francesa, ya que sus abuelos por parte de padre era Francés y ella tiene además de Españoles e Ingleses en sus raíces.

Después de pasada esta etapa comenzó a comer e4l arroz amarillo ya fuera con jamón, pollo chorizo etc., pero tenía que ser amarillo, después un buen día la obligue a probar las papas fritas y entonces fue bistec con papitas.

Así sucesivamente comen por temporada lo que más le apetece y se olvidan de lo démoslo importante es tenerle a mano lo que les juste paran que coman y darles como complemento para mantener los nutrientes que no consumen las vitaminas. Esto es muy importante. Son además selectivos en sus juguetes y no permiten que nadie se los toque.

Así es que cuando llegue a su casa alguna visita que tenga niño mi consejo es que los observe si el niño deja que este otro entre en su mundo, le prestara los juguetes o jugara con él o ella por un corto periodo de tiempo, si la primera reacción es negativa déjeselo saber al niño y busque usted algo con lo que se pueda entretener como una revista, unos muñequitos en el televisor, o algún juguete que no pertenezcan al niño autista.

En cuanto a las ropas son menos selectivos aunque tienen alguna preferencia; esto dependerá de los justos de cada uno en particular.

Sus juguetes preferidos son los pequeños les encantan jugar en el agua, para evitarse dolores de cabeza si es posible mantenga la puerta del canopes el inodoro se convertirá en la piscina de estos diminutos juguetes y por experiencias

Se lo que son estas tupiciones que lo revuelven todo.

Otro consejo seria en el verano colocar una pequeña piscina en el patio de la residencia donde se viva, colocar en ella algunos juguetes como botecitos, pelotas etc. para que el niño/no pueda jugar si es aún muy pequeño debe de haber siempre la supervisarían de un mayor.

Ojo tenemos que ser muy cuidadosos con lo que ellos ven atravesó del tv. Mary en varias ocasiones me lleno la cocina de agua en lo que yo tendía las ropas ¿que vio? Alicia en el país de las maravillas; un maravilloso cuento de Disney; imagínense yo vivo en un fraile o sea en un móvil home que consta de sala, cocina comedor, baño, un cuarto y una adición donde tengo el cuarto de los niños en una palabra todo se inundó y lo que para ella era fantástico para mí fue un gran dolor de cabeza, hoy por hoy le ha dado por pintarle ojos, boca y narices a todos los muebles pero sobre todo a los equipos eléctricos {por qué}La película "La pequeña tostadora valiente" de Walt Disney otro maravilloso film que ella adora y que pone a sonar a grandes y chicos.

En cambio a mi hijo Ernest aunque casi no habla aprendió con la increíble película de Disney Aladino un buen día a cantar y de esta forma enriqueció su vocabulario fue una gran alegría cuándos lo vimos por primera vez cantando y bailando imitando al genio, y luego con la canción A chol new Word parecía un cantante en medio de un escenario fue algo muy hermoso y refrescante para todos un gran digestivo, gracias Disney por tantas cosas lindas. Evítenles violencias innecesarias pues esto los hará violentos y con su hiperactividad y su fuerza pude ser peligrosa hasta para ellos mismos. Definitivamente son muy selectivo tengan esto siempre muy presente.

Crean su propio mundo.

Se aíslan del mundo que los rodean creando su propio mundo. En los capítulos anteriores hablo algo acerca de este aislamiento el cual forma parte principal del proceso del Autismo.

Es importante destacarlo porque este es uno de los principales síntomas que se presentan y que algunas veces
No nos percatamos y pensamos simplemente que el niño es retraído cuando el niño /no es retraído lo es por u
Rato pero si estos ratos son frecuentes entonces tenemos que observar los otros síntomas de los que ya hemos hablados y comenzar a actuar sin pérdida de tiempo.

Hay casos los más ceberos que se aíslan de tal modo que no reconocen ni a sus Ceres queridos, hay entonces que tener un acercamiento mayor, más contacto directo y darle mucho amor formar parte de su juegos pero tratarlos con naturalidad sin lastima pues esto les haría más daños vida debe de ser llevada lo más normal posible para que poco a poco puedan despertar.

El cerebro humano la gran computadora del ser humano creada por Dios como regalo al hombre, es aún un gran mito para nosotros puesto que sabemos que una gran parte de ella aún permanece dormida.

Yo particularmente pienso que estos niños han desarrollados algún área dentro de esa parte y se han sumergido en ella encontrando así la paz y la felicidad que todo ser humano canela.

Aislándose ya sea total o parcialmente del mundo en que vivimos los que llamamos "Normales "un mundo de dolor, guerras, ambiciones, robos violaciones una detrás de los otras solos puedo decir que Dios nos ilumines para poder ayudar a mejor dar esta situaciones para las futuras generaciones.

Quizás entonces no existan más niños/a autistas.

Comunicación

La diferencia en la comunicación es el síntoma central en el síndrome del Autismo debido a esto hay un aumento de programas que trabajan con el lenguaje, y de ahí la importancia del rol entre la persona que habla, y el que escucha. El lenguaje debe de presentársele al niño en una manera entendible. Es preferible que los padres se pongan en contacto con los maestros para seguir un programa y no que cada uno haga lo que crea de una manera individual sin coordinación.

Una forma accidental de ensenarle es cuando el niño/no toma su mano y lo lleva hacia algo que él desea tomar. El niño no se está comunicando de una forma no verbal y el adulto tiene la posibilidad de enseñarle a decir la palabra de lo que él desea. El compartimiento frecuentemente obedece a la falta de comunicación Ej. La frustración, rebeldía, etc.

Por ello es imprescindible que el niño /no o adulto tenga la posibilidad de una manera alterna en la que pueda expresar sus frustraciones y puedan pedir ayuda.

Forzar al niño /no a usar una larga oración Ej. Yo deseo soda por favor, No necesariamente promueve un aumento en la frecuencia verbal, y no necesariamente despierta un interés espontaneo en la comunicación. Decir "Soda " O Quiero soda comunica tanto como una larga oración.

El niño no aprende a hablar por el solo, su capacidad de desarrollo depende de cuánto él/ella está envuelto en su medio ambiente {mundo} y los padres ocupamos la mayor parte de ese mundo, lo que hagamos la mayor parte de ese mundo, lo que hagamos marcara para siempre la diferencias pues toman dos personas para hablar.

El programa titulado vía de los tres A es muy importante y básicamente consiste en:

1 Abandone su agenda, creando una nueva que facilite los intereses di su niño/a

2 Adapte su comportamiento para que pueda compartir experiencia con su hijo/a.

3 Añada lenguajes {palabras} y experiencias que estén al nivel del niño/a.

Graves Problemas de Calificación

Todos estos niños tienen como síntomas común el problema de la comunicación uno de los problemas que más preocupan a los padres, profesores e incluso médicos que tenemos que bregar con esta situación.

¿Cómo saber cuándo se enferma? ¿Si no saben expresarse O donde les duele? Por Ej. Hay gestos, tipos de llanto, miradas, y cuando logramos que hablen algunas palabras uno puede establecer una palabra corta que sirva de clave para identificar cuando tienen un dolor en mi caso la palabra que nosotros escogimos es "llalla; si es un golpe me lo muestran si es un malestar se tocan instintivamente con sus manitas y me icen la palabra ya establecida. Entonces ya sabemos que algo no anda bien, y actuamos en consecuencia a la situación.

La mayoría de estos niños/as no demuestran sus sentimientos de afectos este no es el caso de mis hijos.

Pongan mucha atención a cualquier síntoma de repulsión hacia alguna persona no los obligan a permanecer con alguien que el niño/a desee o rechace recuerde que no pueden hablar ni expresarse y mientras ustedes piensan están bien cuidados y protegidos otras cosas pueden estar sucediendo a sus espaldas y el niño no podrá defenderse.

Déjelo únicamente en manos de mucha confianza y aparézcase en los lugares en el momento en que menos se le espere esto hará que el niño/a esté seguro es IMPORTANTE.

Coloque rejas alrededor de las puertas y ventanas para que no les coja la calle {Las ventanas que den para la calle} si tienen la casa cercada al rededor tal vez no sea necesario enrejar las ventanas puesto que la cerca servirá de protección para que no le coja la calle, coloque cerca alta encelara del área de juego y este seguro de no poner nada en que puedan subirse o mover colocándolo cerca de la cerca pues podrían burlar la vigilancia y esto podría ser peligroso, de ser posible figue los juguetes de patio al terreno y así se evitara estos problemas, use algo suave por si se caen no se den un gran golpe pues tenemos que recordar que son Hiperactivos, pero sobre todo no baje la vigilancia.

Si vive en edificios altos {con balcones} coloque rejas alrededor de este, ponga además rejas de seguridad en las ventanas por dentro dela habitación, ponga además llaves dobles en las puerta manténganlas llaves con ustedes todo el tiempo para cerciorarse que no van a estar al alcance de los niños o persona con este síndrome. De ser posible ponga alarma en sus casas, así en las noches si el niño/no o zona mayor con el problema se despierta y usted molo escuchara y tratara de salirse de la casa la alarma le avisaría convirtiéndose en la mejor aleada para la seguridad de la persona.

La Agresividad

¿Qué tan agresivos pueden ser?; mucho los niños Autistas pude ser muy agresivos, poco agresivos, o nada, todo depende de los factores en que se vean envuelto, y las circunstancias que los rodeen.

1 Que tan cebero es el grado de autismo

2 Si están mesclado con algún otro problema Por ejemplo: retraso mental, etc.

3 Tenemos que respetar la privacidad de los niños.

Si los dejamos tranquilos si no tomamos sus cosas si no provocamos su hora, son generalmente pacíficos, si se emocionan pueden volverse agresivos, lo mismo darán un vezo que un pellizco o una mordida, están siempre listos para defenderse de cualquier cosa que ellos consideren un ataque a su persona o su propiedades, entienden todo lo que cure a su alrededor por lo que tenemos que ser cautelosos. La agresividad como mecanismo de defensa esta siempre oculta y puede aparecer en cualquier instante, Ellos en esos momentos no reaccionan, no saben si hacen mal o bien o a que grado lo hacen simplemente se defienden.

Por ejemplo: en una ocasión yo lleve a Mary adonde el trabajo de mi espose ve por los ojos de ella, su cariño es tan grande, y a la vez esta mesclado a una gran compasión, le prepara su comida muchas veces después de venir del trabajo para asegurarse que coma, pues es muy selectiva en cuant6o a esto se refiere.

Como les explique con anterioridad vivo en un móvil home por lo tanto no tengo un florida ron para que ellos puedan tener todos sus juguetes y jugar sin peligro alguno. Entonces y debido a la cantidad de juguetes que se le acumulan todos los años en la época de reyes. Yo envié para el trabajo de mi esposo algunos juguetes esa tarde en cuestión ella se antoja de los poni o sea los caballitos pequeños solo que se encontraba en ese momento no era posible dárselos Mary se enfureció y le dio una mordida a su papa que le saco sangre ara ella él le estaba negando algo que le pertenecía y a lo que ella tenía derecho, ella no podía asimila las razones por lo que no se le podía dar en ese momento.

Junior en una época le dio por morderme, yo tenía morados en todas partes tuve que ponerme fuerte con él, para él era un juego, la manera de que yo tuviese todos mis sentidos encima de él, eso para él era lo importante, él no sabía el daño que podía hacerme. En ocasiones es muy difícil pues si los reprimimos nos sentimos como abusadores aunque no sea así sino lo hacemos ellos estarán fueran de control y serán un problema para la familia, para ellos mismos y para la sociedad.

Dependiendo del concepto y del grado de autismo de cada uno se impone aunque nos duela "Pero sin abuzar de ellos "el disciplinarlos porque cuando asemos esto los estamos ensenando a controlar sus impulsos y comportarse correctamente.

Autismo, hiperactividad, y Agresividad van de la mano en este fenómeno de la mente humana.

La Sexualidad:

Los autistas son activos sexualmente ya que se masturban con frecuencia tantos las niñas como los niños.

Dentro de esto hay un tópico que no se toca y que es importante ¿Que pasaría cuando ellos se enamoran?; Lo más seguro en el caso de los niñas es que sean usados como objetos sexual, es difícil que alguien que no sea igual que ellos tenga tanto amor para cuidar de ellos, esta realidad es dolorosa pero en el noventa por ciento de los casos es cruda y real. ¿Que pasara si tienen hijos? Se corre el riesgo de que la historia se repita y entonces ¿Que pasara con ese niño? Las preguntas son miles.

Por ello aunque no es lo más humano para evitar todos los problemas lo más conveniente es operarlo pues nosotros sus padres no somos eternos y no podríamos ocuparnos de la educación y crianza de ese nuevo Niño. Ahora bien si esto ocurriera yo aconsejaría que ese niño naciera puesto que yo particularmente no comparto la idea del aborto alno ser que la vida de la madre corra peligro} En mi casa junior fue un parto de alto riesgo pero yo dedique si Dios lo envía era porque él tenía una misión que cumplir y por ello tenía que nacer. Junior yo tiene cinco años Gracias a Dios.

Este es un tema que nos preocupa a todos, en mi experiencia podría decir que mis hijos se están desarrollando en una forma bastante normal pero en el caso de Mary ya tuvimos un pequeño contratiempo, en una ocasión comenzó a sangrar la llave al médico al día siguiente se le hizo un cheque completo y todo estaba en orden.

Pensamos que quizás fue una regla precoz puesto que mestos niñas desarrollan un movimiento más rápido en su cuerpo; Yo diría que se podría comparar con el movimiento molecular.
Estoy segura que un doctor podría darle una explicación mucho mejor y con mayor precisión.

De todas forma mis hijos aun no pasan por esta experiencia tengo que esperar y prepararme para esta próxima batalla.

Cambios de Vida

1 Cambios en la vida de una pareja

2 Vida familiar / dos hermanos Autistas

3 Relación entre Mary, Ernest y su papa

Relaciones del niño/no con el resto de la familia.

Vida familiar entre dos hermanos Autista.

No es muy común que en una misma familia existan dos hermanos Autistas pues bien yo conozco el caso de unas hermanas gemelas que siendo las primeras y las únicas hijos son ambas Autistas pero voy a hablar específicamente de mi caso; Yo tengo dos hijos Autistas y como comprenderán no es fácil la situación pues entre ellos se crean dificultades de varios tipos.

Primero son muy celosos con las personas que quieren pues no son abiertos con todo el mundo esto puedo explicarlo con un ejemplo: En ocasiones yo he tenido a Ernest cargado para que se duerma o simplemente estoy tratando de que el participe en un juego conmigo y Mery ha llegado y poco a poco lo ha desplazado ocupando su lujar lo mismo me ha pasado a mí con Ernest o sea viceversa.

Por ser celosos y posesivos se pelean por los juguetes entre sí de igual manera pues los justos son muy similares. Para Mary todos los juguetes les pertenecen a ella como es claro el reclama los suyos y yo tengo que hacerla de réferi para que nos den un mal golpe.

Cuando Mary gana la partida, en la vigila hasta quitarle el sujete si no lo consigue le rompe el juego trinándole todo al piso; la reacción de ella no se hace esperar, lo regana y le corre atrás el mientras tanto corre ice ríe de ella a carcajada pues logro vengarse de algún modo rompiéndole su juego.

Ahora que ella ha comenzado a jugar el roll de hermana mayor lo regana y le quita las cosas que él no debe de hacer o tocar y si la cosa se le pone difícil entonces llama a Esther su hermana mayor para que esta le ayude a controlarlo su frase siempre que esto ocurre es Ho Dios mío en Ing.

La relación entre ambos y Esther es buena ya que ambos muestran sus sentimientos de cariño, dolor, o frustración al igual que Esther, cosa que no es muy común entre la mayoría de los niños con este problema {Síndrome}.

Cambios en la Vida de Una Pareja

Cuando un niño nace junto con el la alegría que esto proporciona adquirimos una responsabilidad muy grande, Ya no se trata de nosotros mismos, se trata de un nuevo ser que hemos traído al mundo, un ser pequeño y totalmente indefenso que no dijo no me traigan pero que tampoco dijo tráiganme fue decisión nuestra por ello nuestra responsabilidad en cuanto a su crianza y su educación.

En tiempo como estos en que la vida se ha vuelto un reto y la sociedad un verdadero de desastre tener un hijo es hermoso, pero al mismo tiempo doloroso pues los dolores de cabeza no terminan nunca, la incertidumbre y las preocupaciones son constantes; si encima de esto agregamos como un nuevo ingrediente que este niño /no sea totalmente normal esta responsabilidad es aún mayor.

LA VIDA CAMBIA YO DIRIA EN 180GRADOS: comencemos por las cosas más simples.

Mi esposo y yo teníamos la costumbre de leer todos las noches un rato antes de dormir y de discutir acerca de ellos es una buena manera que tenemos para adquirí conocimientos tenemos el poder de la mente "Las Pirámides, El Triángulo de las Bermudas, La Atlántida" etc.

Esto es algo que ya no podemos hacerlo cuando es la hora de dormir ya estamos agotados y ellos reclaman mi presencia, ahora esto forma parte del recuerdo.

Antes dormíamos como cualquier pareja de nuestros tiempos juntos y acurrucados ahora dormimos como la mayoría de las parejas de otros tiempos cada uno en una cama pues el no tener las condiciones que ellos requieren yo tengo que permanecer con ellos nos visitamos de vez en cuando para hacer el amor o hablar algo importante; Ahora somos los mejores amigos, y los mejores amantes.

Antes salíamos casi todos los fines de semana, ahora casi nunca primero no es factible encontrar a una persona que sea de una total confianza y que al mismo tiempo esté preparada emocionalmente para manejar esta situación.

Segundo para salir con ellos hay que seleccionar en el lugar donde se van a llevar pus este debe de reunir varios requisitos; Si lo llevan a un parque debe de procurar que el área donde juegan este cercada en redondo, chequear las puertas que tengan y uno de los dos debe de permanecer a cargo de esto, pues en un momento de descuido podrían sacarse y podría ser fatal.

Numero dos vigilar que no hallan lagos, canales y ríos cerca sobre todo si estos no saben nadar pues a ellos les encanta el agua y no tienen conciencia del peligro que corren.

En caso de que lo llevemos a la playa se impone el salvavidas, el mantenerlos a nuestro lado si son pequeños, como les justan correr y jugar con el aire {aquí en los Estados unidos} venden en las casas cuna unos amares estos pueden ser utilizados para controlarlos sin que le dañen las muñecas de sus manos o su pecho dependiendo de dónde lo coloquemos sin que le dañen sus muñeca o su pecho, estén controladas pues nosotros marcaremos el área en que pueden hacerlo sin graves problemas {Riesgo}.

La disciplina dentro de la casa es muy importante y muy difícil de llevar el control, ellos son caprichosos y cuando no consiguen lo que quieren se muerden, haciéndose daño mas no obstante a eso hay que ensenarles que cuando se les dice que no, es que no; para controlar esto si se ponen agresivo crueles las manos de igual manera que se le hace a las personas demente y afloje la llave poco a poco para demostrarle que usted es quien tienen el control.

Les encanta pintar y pintan todo lo que se les pasa por el frente todo está en que encuentren un creyón o un lápiz.

Mi hija Mary decoro el cuarto de ella y su hermana Esther pintando a Mickey Mouse por todas las paredes y después haciendo caras el espejo de la película La Valiente y Pequeña Tostadora, métodos para controlar esa situación.

1 No tener colores en la casa
2. Si lo tiene pues tiene otros niños, téngalo bajo llave
O en un lugar donde no estén al alcance de su mano.
3 Tengalos para que el niño lo use bajo su supervisión
4 Otra alternativa es ponerlo a limpiar lo que hizo y ensenarle que los colores son para pintar únicamente en las cartulinas, hojas y libros de colorear.

A la hora del baño sale llena la bañera para que no los deje solos por mucho tiempo, si puede permanezca todo el tiempo a su lado si no puede desde vueltas constantemente, este es un lujar donde hay muchos accidentes de niños y tenemos que recordar que ellos son en la mayoría muy inquietos y traviesos.

La mama necesita que los demás miembro de la familia cooperen con ella, pues su tensión es constante ya que ellos son muy activos y traviesos, al menos en mi caso pues ambos son muy hiperactivos.

Junior es comparable con cualquier huracán deja a cualquiera con los nervios destruidos. Cuando mama esta alterada o deprimida el padre debe de tomar el control para darle a esta el tiempo que ella necesita para relajarse, y recobrar de nuevo la estabilidad esto es parte del cambio que sufre reja; El apoyo que ambos se den mutuamente es muy impórtate, tanto que de ahí depende en gran parte que la pareja sobreviva y unidos logren sacar adelante a estos niños; de no ser así la casa se convertiría en un pequeño infierno y en caso peores el matrimonio se destruirá trayendo esto condiciones nefasta para los niños o personas afectadas con este síndrome pues para ellos es muy importante sentirse seguros y esta estabilidad se rompería si esto llegara a ocurrir, enhestemos casos lo aconsejables seria acudir a terapia, tanto individual para los nones como a terapia familiar para que los padres se pusieran de acuerdo en cómo manejar la situación de la mejor manera y que estos no se vieran demasiados afectados.

Estos niños nos enseñan a ver la vida de otra manera

{Ángulos} NO es mi caso a ser un poco más humanos a preocuparnos más por la comunidad en la cual vivimos, a atender cosas que antes no hubiéramos mirado. Estos niños son increíbles {Los niños siempre han sido mi gran preocupación}.

Creo que aprendemos de todas las experiencias Ej.: Cuando me caí en casa debido a un desmallo me partí el tobillo m, fui sometida a una operación y me pusieron cuatro clavos en el tobillo meses después uno de ellos me fue extraído, todo esto trago como consecuencia seis meses de estar sin poder caminar, pero trajo algo más grande aun a mi vida trajo que yo aprendiera a valorar a quienes viven atados a una silla de ruedas y se superan viviendo día a día luchando por ganar la batalla, entonces supe que ellos son mejores que nosotros los que gozamos de todos nuestras facultades y en la mayoría de los casos desperdiciamos el tiempo en estupideces en cosas destructivas que no nos conde ceñí nos dejan nada hermoso ni positivo. Ahora cuando veo a un mal llamadlo impedido ciento un gran respeto y una gran admiración hacia ellos por su grandeza de espíritu y su fortaleza de alma.

He aprendido que la palabra {ANORMAL} no debiera de existir en el diccionario que solo existe diferencias, que nadie ve la vida de igual modo y que nadie es igual a nadie, que todos somos distintos entre sí, pero juntos hacemos el mundo en el cual vivimos, el mundo al que llanos planeta Tierra. Como los dedos de las manos, todos tienen características diferentes, y a la vez todos son semejantes y unidos forman la mano. Esto es lo más importante, pues todos juntos realizan una gran función y cada uno de ellos realiza su propia misión.

La Vida de Una Niña Entre Dos Hermanos Autistas

Esther mi hija mayor es una niña completamente normal, mis otros dos hijos son Autistas.

Para ella esta situación es muy difícil porque sus compañeros de estudio no conocen lo que esto significa y en ocasiones se ríen y algunos hasta llegan a mofarse de lo que ellos hacen, esto la coloca a ella en una situación muy difíciles al salir en defensa de sus hermanos, se pone de frente a sus compañeros de clase haciéndosele la situación muy tensa en la escuela.

Otro aspecto es la privacidad; Ella no tiene ningún tipo de privacidad, sus hermanos le cogen sus cosas donde no puede salir a muchos lugares debido a esta situación siendo ella apenas una niña de 11anos esto significa crecer demasiado rápido {Aprisa}.

Ella es la persona que aun sin entender en toda su magnitud el problema de sus hermanos después de los maestros comparte conmigo toda esta situación y todo el dolor y la esperanza, es ella quien al llegar a la casa queda de su hermanito Ernest y comparte a ratos con Mary mientras juega y ayudándola a ir abriéndose poco a poco a la vida mientras ellos juegan y ella los vigila yo me encargo de ir haciendo los quehaceres de la casa por supuesto siempre los estoy supervisando, pero tengo que reconocer que ella es una gran

ayuda para mí en este aspecto y a la vez ella está aprendiendo algo
que ningún colegio podría jamás enseñarle

1 EL que todos somos diferentes
2 Todos tenemos derecho a que se nos trate con dignidad
3 Pero sobre todo a adquirir conocimientos acerca del
comportamiento humano.
4 Esto hace que ella se cuenta más unida a sus hermanos, mucho
más que los demás niños.
5 Aprende a no subestimar a ninguna persona que tenga ningún tipo
de deshabilita, a respetarlos, admirarlos y valorizarlos como seres
humanos.

Por otra parte a veces actúa como si elle fuese más pequeñita, {esto
es totalmente normal} pues debido a que ellos reclaman tanto tiempo
ella se siente postergada, piensa que ellos le están robando espacio
de un terreno que antes le pertenecía por completo solamente a ella.
Entonces ha escogido un día de fin de semana para para, como ella
dice sus {Vacaciones} entonces se va al taller con su papa a jugar
con su computadora etc.

Sin ella yo no podría sobrevivir pues aunque yo los estoy
supervisando continuamente ella me es de gran ayuda, ya que con mi
esposo no puedo contar, El descarga su frustración en el trabajo, y
si bien es cierto que quiere mucho a los niños, no le ha sido nada
fácil asimilar el proceso, en realidad no es fácil para ningún padre

asimilar una situación como esta más si tomamos en cuenta que nunca en la familia ha habido ningún tipo de antecedente en todo la familia. Es aquí en su trabajo donde esconde su dolor, su inconformidad, y su impotencia detrás de largas jornadas de trabajos que terminan por dejarlo agotado y en la mayoría de las veces de mal humor.

Esther además tendrá esto en su contra para su futuro cuando sea grande y se enamore o quiera formar un hogar, tendrá que elegir muy bien con quien hacerlo pues a mí falta y la de su papa, ella tendrá que vigilar de que sus hermanos no les falte nada, y de que no sean abusados ni física, ni sexual mente estén donde estén; Lateara no será fácil, pero por ser ella la mayor y la única que está en capacidad de todas sus facultades tendrá que hacerlo. Y ellos algo que como madre a mí también me preocupan enormemente, pues ella tiene necesidad y derecho de hacer su vida y lograr sus sueños.

La única solución para poder salir adelante es vivir día a día, y nunca darse por vencido luchando continuamente por despertar la parte del cerebro que pueda estar dormida.

Escudriñando en el libro "Las fuerzas de la mente" escrito por Oscar Gonzales Quevedo; El doctor Franz Antón Mesmer es considerado el invertir de la teoría del Magnetismo Animal; 'Esta teoría concluye en que nada actúa más eficazmente sobre el hombre que el mismo hombre, dicho en otras palabras muy parecidas a estas, si esto fuese aplicable al Autismo un niño Autista tiene dentro de si el poder para romper ese muro que el mismo ha fabricado y el despertar su interés en las cosas de su medio ambiente es importantísimo.

La Relación Entre Mis Niños Autistas Y Su Papa

La relación entre Mary y su papa es básicamente buena aunque han habido sus pequeños encontronazos, la realidad es que el la adora y por ello le es tan difícil manejar esta situación pues aunque no le ha quedado más remedio que aceptarlo no se resigna. Esto ha hecho que no se empape profundamente del problema o situación y aunque él no se ha dado cuenta la situación vuelva más difícil aun.

Por otra parte tiene largas horas de trabajo que después necesita reponer con sueno y el tiempo para compartir con ellos es relativamente poco, aun así trata de que este sea bien aprovechado. Mary es un poco más retraída que Ernest pero se entienden muy bien; El l; e hace muchas veces su comida, le compra lo que quiere o le hace falta, la trata con mucho cariño y le llama mi conejito.

Ella lo recibe todos los días mirando como parquea su carro atravesó de la ventana, cuando el entra le da su vezo y alguna golosina; ella se pone feliz. C7uando se enferma la preocupación es compartida en las noches y las llamadas del trabajo son continuas esto es común con Erarse y Esther.

La relación entre Ernesto padre y Ernest hijo es aún mejor pues Junior es muy maldito y aunque en ocasiones hace cosas que lo hacen enoja termina en riza; Además junior es más abierto y muestra con mayor claridad sus sentimientos y estados de ánimo, emocionales Por Ej.; No hace mucho él quería que su papa tomara del refresco y su papa ya se había acostado a dormir, pues bien el tomo el refresco y se escurrió al cuarto lo despertó dándole con la lata en la cabeza, cuando el padre se despertó enojado y lo fue a reganar él le brindo el refresco, ya no hubo regano, era prácticamente imposible hacerlo.

Conmigo son más más abiertos tanto uno como el otro, esto se debe creo a que permanecen la mayor parte del tiempo a mi lado compartiendo sus pequeños y grandes triunfos, los regaños, las riza, las preocupaciones, pues aunque muchas personas lo pongan en duda ellos son en muchos casos nonos muy inteligentes; Y se percatan de muchas de las cosas que ocurren a su alrededor.

En las noches si se despiertan, a media noche les da miedo el viene y se me acuesta al lado o encima de mí, ella enciende las luces y juega con sus muñecas si estoy dormida me despierta en algunas ocasiones se acurruca a mi lado para volver a dormirse.
A noche Ernest tapo a su papa para dormir y después le dio las buenas noches, s oro que lo tapo con una colcha y estamos en pleno verano; La intención fue muy buena pero el resultado no fue igual pero valió la pena.

La relación entre el niño y el resto de la familia

La relación entre el niño y el resto de la familia es variable, no reaccionan con todos sus miembros depende además de las situaciones por EJ; En varias ocasiones cuando mi madre aún vivía ella se quedaba con ellos para que yo saliera, cuando yo llevaba a Ernest al médico se quedaba con Mary le tomo aberración y llego el momento en que veía a mi mama como su enemiga pues asociaba mis salidas con su llegadas, llego el momento que ver a mi madre comenzaba a pelear con ella y la empujaba botándola de nuestra casa; Lo que hicimos para manejar la y mejorar esta situación y relación fue lo siguiente:

Cuando yo tenía que salir al Doctor mi madre me acompañaba y la llevábamos a ella también, así ella se fue acercándose poco a poco de nuevo a su abuelita además cuando mi madre venía a casa yo no me iba a ninguna parte y mi mama comenzó a traerles cookies {galleticas} o alguna que otra chucherías de esta forma y con el tiempo Mary cambio la imagen nuevamente.

Ya para cuando mi madre murió Mary la recibía y la despedía con abrazos y la llamaba abe, diminuto de abuela.

Con mi padre nunca ha sido expresiva si le fuese indiferente, si él le dice algo y esta para el pazo juega un rato, pero no es afectiva con él.

A mi suegra la trata con algún cariño aunque no permanece mucho rato con ella o a su alrededor pero le permite entrar en su mundo por intervalos de tiempo.

Con mis hermanos al que más trata, al que más entrada le da es al más pequeño y aquí hay un anécdota que quiero compartir con todos ustedes.

Mi hermano pequeño me decía que él no sabía cómo como yo podía lidiar con esta situación pues yo le permitía a Mary cosas que a ninguno de ellos tres les permití cuando ellos eran niños, él no se entendía con ella; Un día después de una larga charla le entregue un folleto que me fue dado por la escuela a la que asisten mis hijos a las clases especiales.

Él se ello el folleto y comenzó a seguir las reglas del juego, hoy El y Mery se llevan de maravilla, hoy el entiende el proceso y tiene un poco más de capacidad para bregar con él, de lo que yo me alegro grandemente pues hoy por hoy es papa de una hermosa niña que hasta ahora gracias a Dios no tiene ningún problema {aún tiene seis meses} confió en Dios que ella no tenga la misma situación pero si algo hace ocurriera en el futuro el ya estaría preparado para hacerle el frente.

A mi casa está viniendo temporalmente una señora los fines de semanas para ayudarme con los quehaceres de la casa, hace apenas dos meces Ernest ha simpatizado mucho con ella al punto que cuando ella se va en la abraza, la veza y la aprieta bien fuerte pues no quiere que se marche.

Ella es una persona muy dulce con los niños y muy centrada a la vez que trabajo juega con ellos le ensena sonidos le habla continuamente y le encanta la capacidad de inteligencia que el posee Ej.: Hace unos minutos ella estaba limpiando el pequeño portal, en dos ocasiones lleno el cubo o cubeta para llevar el agua pues bien, el tomo el cubo y lo puso a llenar por ella cuando ella lo llevo y le pidió que lo virara él sabía que no podía por la fuerza entonces se ciento en el suelo coloco los dos pies dentro del cubo y lo volteo. Esta señora es de origen venezolano y para mi es de una gran ayuda además de ser una bella persona, es muy mística.

Esta señora a la que me refiero se llama Gladis: Otra de las anécdotas que tengo con ella es lo siguiente Ernest tomo las llaves de ella para con ellas abrir la puerta de la casa que sale a la calle, tomo el candado y Provo una a una todas las llaves hace se convenció de que no eran las llaves entonces ella se las pidió y el las entrego sin poner reparo alguno.

Ernest ha estado mal del estómago y como resultado de esto sus partecitas se le han meritados, el no permite que se le unte nada por miedo a ser lastimado entonces para refrescarse se va al baño prepara el agua y se coloca dentro de la bañadera boca abajo para que el agua le caiga en sus partecitas y de esta manera se refresca sin que nadie lo toque. Aquí se ve una vez más que estos niños son inteligentes al menos muchos de ellos, tenemos que tener cuidados en lo que decimos y además saben lo que quieren. Las navidades fueron como hasta ahora muy alegres para ellos Mary hizo que le pusieran el arbolito de navidad antes de tiempo, luego tomo juguetes de años pasados los envolvió y los colochos debajo del árbol, coloreo algunas de las bolas y les campo la lectura de y así decoro el árbol, no ha permitido desde entonces que su hermanito se lo toque, en las noche de crisma o sea Navidad Santa le coloco sus nuevas juguetes debajo del árbol; Hoy 25 de enero aún está el árbol y los adornos en la puerta y ella sigue quedando celosamente de su querido árbol de navidad.

Cambiando el tema Ernest era víctima y ahora a ser victimario antes cuando peleaban por algún juguete Mary lo arañaba y salía llorando ahora es el quien hace correr a Mary por toda las casa mientras Esther o Yo le hacemos de réferi pues descubrió que Mary le teme cuando tiene una escoba o un zapato en la mano: Como ven no es tonto verdad "La auto defensa es ignota en todo ser viviente. Ernest está atravesando una etapa muy difícil y yo siento que a veces se me agotan las fuerzas. Él quiere tanto a su mami que me querer tener los 24horas solo para él y aunque yo también lo adoro no puedo dedicarle todo el tiempo, entonces hace travesuras con tal de llamar la atención y que yo tenga que dejar de hacer los demás cosas para dedicarle a él todo el tiempo.

Para el todo es un juego, si lo regano se ríe y me abraza dándome un gran vezo, si le doy una nalgada por las piernas entonces llora con un tremendo sentimiento después me abraza fuertemente como diciendo "PERDON" no lo hago más, Yo te quiero mucho.

Por eso este método lo uso cuando todas las demás alternativas están desahuciadas además sé que para él es muy doloroso en lo que respecta al problema emocional, además a mí también me hace mucho daño. El decir lo siento en esa forma es su manera de decirme Te quiero mucho, y yo lo quiero más, lo necesito para seguir viviendo, no lo cambiaría por ningún otro niño aunque este estuviera bueno y sano y fuese un niño completamente normal, la verdad no cambiaría a ninguno de mis hijos cada uno de ellos son únicos y forman parte de mi misma.

Todos los padres cometemos hervores porque nadie nos ensena a ser padres, esta carrera es sin duda la más importante y la más difícil, la aprendemos básicamente sobre la marcha, que lastima que en los colegios no tienen una clase para adolescentes donde se les hable de la familia, de su importancia, y sobre todo de cómo tras tal a los niños, si esto fuera posible se evitarían muchos desastres en las familias, y por supuesto entre la juventud.

La asignatura seria sicología familiar estarían preparados para hacerles el frente a algunas situaciones y crear las pautas a los futuros padres, de esta forma padres e hijos se comprenderían mejor, se entenderían mejor se darían su espacio y sin duda alguna abría más y mejor entendimiento, mas riza y muchísimo menos abusos menores algo que en nuestra sociedad parece ya una enfermedad. .

Educación

1 La educación en las escuelas

2 Cuestionario a los maestros

3 Observaciones escolares

La Educación en las Escuelas.

La educación es muy importante en el desarrollo del niño o niña Autista pues le ayuda a desarrollar sus habilidades y a sociabilizar además de aprender a conducirse y conocerse mejor de ahí que yo recomiende que el niño sea llevado al colegio tan pronto se le haya diagnosticado el síndrome.

Según el libro el Autismo en la página #100 esto que yo les acabo de decir es clasificado en este orden.

1 Entregarlo en la vida social
2 Despertar su sensibilidad nerviosa
3 Ampliar el marco de sus ideas
4 Implantar el uso de la palabra
5 Ejercitar todas las potencialidades adormecidas por la carencia de estimulación psi coa festiva

Debo enfatizar que no hay un régimen para ganarnos el afecto de estas personas afectadas con este síndrome
Ya que cada uno de ellos es distinto de ahí que tenemos que luchar tratando de ponernos a sus nivel para poder trabajar individualmente con cada uno de ellos es bueno que recalque que las niños /personas Autistas son celosos si esto tiene que ser manejado con mucho texto, tanto entre padres como en mi caso con más de un hijo Autista, como por los profesores etc.

Yo como madre afirmo que es importante mantener una actitud constante en nuestras actuaciones pues de lo contrario el niño/a solo creara confusión e inseguridad y esto es para todos los niños por igual.

El libro El Autismo en la página #102 dice algo muy interesante acerca de este punto en lo que a mi modesta opinión yo también comparto totalmente.

El hecho de darle al niño una imagen estable, coherente reportara en él una mayor seguridad y la posibilidad de que establezca marcos que orienten y centren su comportamiento.

Otra parte de este libro con la que estoy plenamente de acuerdo es que cuando el niño nota la falta de constancia lo conduce al desconcierto cosas que el podrá utilizar más tarde para manipular a padres y maestros.

Cuestionario a los Maestros

1 ¿Cómo se ganan ustedes la confianza de los niños, para que ellos les permitan entrar en su mundo tan cerrado?

Respuesta: Es difícil, pero se puede realizar. Se comienza observando al niño para conocer sus intereses y juegos favoritos. Entonces, una vez adquirido el conocimiento se le facilita al niño oportunidades en las cuales ellos puedan disfrutar de estos intereses. Así poco a poco el niño se da cuenta de que tu estas "de su lado " De ahí van ocurriendo
Esos momentos mágicos en los cuales el niño/a "Cuenta Contigo" para lograr esto, sin embargo, hay que tener mucha paciencia.

2 Como establecer un régimen de rutina que a la vez sea disciplinario.

Respuesta: Es muy importante establecer ese régimen de rutina y ejecutarlo todos los días. Pueden existir múltiples actividades mientras que siempre se mantengan aspectos similares todos los días, y el niño se sienta confortable para participar de lleno. La disciplina -O el orden -vendrán después a través del mantenimiento de esta rutina.

3 Como controlan a los niños cuando estos presentan una crisis.

Respuesta: Si la crisis es violenta y el niño se puede hacer daño asimismo o a otra persona, entonces existen forman de restringir al niño sin hacerle daño desde largo hasta que se le vaya pasando la crisis. Y inmediatamente que el niño comience a tranquilizarse se le debe confortar

Con voz firme y dirigida hacia algo que el niño aprecie. Puede ser un juguete o una sabanita. Es difícil para ellos recuperar el control.

4 Que clases de juegos les justa más, según su edad y sexo.

Según sea la edad del niño. Por ejemplo: Los niños de edad pre - escolar disfrutan de juguetes musicales o de juguetes visuales. Los adolescentes disfrutan de música {tocadiscos o grabadoras}.

Respuesta: Los juguetes no tienen que ser caros o fines. Hay que usar nuestra imaginación de acuerdo a que estamos tratando de conseguir con el niño. Por ejemplo, esponjas, palitos de tendederas; cajas contenes plásticas; espejos, botones para recoger y meter en un pomo; o simplemente laminas coloridas de las revistas.

5 ¿Qué tipo de juguetes prefieren y algunos que no son aconsejables por su peligrosidad?

Respuesta: Los niños Autística generalmente prefieren juguetes que brillan, que dan vueltas; o sea que ellos puedan manipular y explorar.

Se debe tener cuidado con cosas toxicas como pinturas o gomas de pegar.

6 Como enfrentar la adolescencia y la etapa de la pubertad.

Esta pregunta no tuve respuesta.

7 Consejos generales para los padres.

Respuesta: Lo más importante para los padres es que, a pesar de que su hijo tiene un problema, ustedes son seres humanos con vuestras necesidades y sueños por realizar.

Traten de conseguir alguna persona de confianza y después de tomar todas las medidas necesarias {darle el número de teléfono de donde se van a encontrar, el número de teléfono de otro miembro de la familia para en caso de no ser ellos localizados poder localizar a alguien de la familia, tener además una autorización firmada para en caso de una emergencia puedan ser visto inmediatamente por un médico}.

Lo que está entre paréntesis no es consejo de la profesora pero si lo es de mi parte, pues la mejor manera de que puedan los niños más quedar en buenas manos y de que ustedes los padres puedan disfrutar mejor, más tranquilos de sus actividades.

Esto hará que cuando sea necesario luchar con el niño/a lo hagan con mejor disposición. Agradezco a la profesora de la escuela Arcola Lake Elementary. Situada en el norte test de la ciudad de Miami a quien considero mi amiga la señora Osorio.

Observaciones Escolares

Pedro uno de los compañeritos de mi hijo de la escuela ha sido trasladado para un aula en la cual se encuentran los niños autistas con más dificultad. Pedro estaba antes que junior mi hijo en la escuela y aun no hace sus necesidades en el baño {usa pampero} Yo creo aunque no puedo afirmarlo totalmente pues no tengo sus record que el niño estaba en el grupo de mi hijo y no ha avanzado como los demás;

1 Que el niño además del Autismo tenga otro tipo de dificultad aunque no se en gran cantidad
2 El problema principal está en casa.
Si lo tratan con lastima, y lo consienten demasiado no solo no podrán avanzar, sino que el problema se agudizara día a día sin obtener desgraciadamente resultados positivos.

En el aula de pre-kindergarten de la profesora Osorio y Miss Disonó.

Hay un niño Autista que cuando llega la hora de irse a su casa llora y no se quiere ir, es un niño muy dulce y tiene un hermanito que es más pequeño que él; en la escuela tiene muchos amiguitos de su misma edad, con sus mismos problemas, las maestras que lo quieren mucho y saben cómo tratarlo para el ese mundo es su pequeño paraíso.

Aquí en Arcola Lake Elementary; en una de las clases para ser más exacta en la que está mi hija Mary hay un niño que es inteligente y siempre está dispuesto a ayudar, sin embargo cuando alguien le ensena una muñeca desalmada o sea un pedazo de pie que no esté adherido a la muñeca, el niño se pone en un estado de timidez total. Yo diría que tiembla de pies a cabeza. Yo creo que nadie tiene miedo por justo {Tememos a lo desconocido o a aquello que no podemos vencer}.

Pienso que quizás alguien de su familia o la persona que lo queda o quedaba cuando él era más chico para controlarlo de alguna manera lo atemorizaba con esto, la otra posibilidad es que el haya visto alguna escena violenta en alguna película y le halla impresionado tanto que le dejara este temor, recordemos que la mente de ellos es impredecible y su memoria es fotostática, afectando así sus emociones, su sensibilidad, y sobre todo a su comportamiento.

Pero cualquiera que haya sido la causa de esta situación es muy importante que los padres del niño se percaten de ella y hagan algo al respecto; para evitar futuros traumas que pudieran surgir debido a este temor.

A todos los niños en general con problemas o sin ellos no se les debe de atemorizar, se les debe disciplinar pero una vez más repito sin atemorizarlos con cosas que luego quedaran grabadas en su subconsciente para el resto de su vida.

Saliendo a flote en cualquier momento y convirtiéndolos en Ceres inseguros, insatisfecho o violentos, esto mera la capacidad de evolución como ser humano y como persona poniéndolo en desventaja frente a los demás y a la sociedad en la cual se desarrollan creándoles además un nuevo impedimento en su vida algo que ellos NO NECESITAN.

En el día 27 de julio de 1994 entro al aula de mi hijo junior andarle un recado a la maestra y me encuentro a una de las niñas llorando, ellas en ese momento estaban ocupadas a los otros niños pues recién acababan de entrar, era temprano en la mañana; Yo me acerque y le pregunte porque lloraba entonces la niña me extendió sus pequeños brazos y se fundió con mi cuerpo en un abrazo que duro varios minutos, luego sin separarse de mí y paro de llorar abrió sus grandes ojos Café y me miró fijamente, le di un vezo en el cachete y la lleve a su mesa de trabajo cuando me fui ella quedo tranquila y segura de que todo estaba bien. Lloraba porque en ese momento necesitaba protección y cariño, al encontrarlo deja de llorar.

Estas pequeñas situaciones nos ensenan que todos somos importantes y que juntos podremos lograr una vida más agradable para todos ellos y para todos nosotros.

Entre las técnicas reeducativas que se utilizan en las escuelas y de lo que habla el libro El Autismo se encuentra la Musicoterapia, es sabido de todos como influye la música en nuestros estados de ánimo, la música clásica por EJ: nos relaja profundamente llevándonos casi a un estado de inconciencia, la música romántica nos embriaga como una botella de champán, la música rápida pone en movimiento todo nuestro cuerpo, nos permite realizar los trabajos con más rapidez nos éxito y hace que nuestro sistema motor y circulatorio tome nuevos velocidades; la música instrumental nos vuelve más sensitivos y nostálgicos y así sucesivamente

En los niños Autistas la música construible ayudándolos no solo a manifestar sus emociones y a tomar conciencia y una modulación del mismo sino que a la vez los ayuda a desarrollar su vocabulario cosa que es de suma importancia para ellos.

En la página 115 del libro El Autismo he encontrado algo que considero muy interesante; Se trata de Métodos Globales
Nos habla del método.

 A El método Montessori, básicamente es "liberal el potencial de cada niño para que se autodesarrollo en un ambiente estructurado y ello atravesó de la educación motriz.
 B El método de Le Bon Departa este es un método audiovisual y motriz en el que se conjugan tanto el ritmo musical como la visualización y reproducción grafica como la motricidad.

Yo considero que el capítulo dos debe de ser leído cuidadosamente no solo por los familiares sino también por los profesores que se dedican a la enseñanza de estos niños.

Comidas

Existe un libro en el idioma en/ que habla acerca de este tópico tan interesante; pues como dice un viejo refrán, Uno es lo que uno come, y cada día se hacen más descubrimientos recomendaría leerlo pero no tengo más datos que el que fue escrito por una mujer que fue Autista y logro superar el problema {Síndrome}.

Yo por mi parte recomendaría a todos los padres con hijos Autistas y sus familiares lo siguiente; No darles a los niños refrescos que contengan cola pues esto el éxito mucho.

Evitar todo tipo de cítricos después de las 5pm de la tarde
Que los dulces sean moderados pues el azúcar es peligro, y por demás está decir el chocolate algo que nos arrebata a todos.

Yo recomendaría: leche, jugos de frutas, cereales, carnes combinadas pan de lonche galletas etc.; tratando de buscar dentro lo que a ese niño/no o persona con esta situación le apetezca más a su paladar para de esta manera asegurarnos que va a estar ingiriendo una alimentación variada y nutritiva pues ellos son muy selectivos y en muchas ocasiones no es fácil lograr que tengan una buena alimentación.

Otra manera podría ser ponerle a mano todas aquellas cosas que les justa comer, para que ellos mismos elijan que comer cuando, como y en qué cantidades.

Y nunca deben de faltar en casa las vitaminas pues como sabemos ellos no van a comer todo tipo de comida y debido a esto y a su desarrollo van a necesitar de tener un buen suplemento en casa.

La mayoría de los niños son hiperactivos <en el libro de referencias de información que me fue entregado después de la terapia aparece una información muy interesante que creo es productiva, y debe de ser del conocimiento de todos ustedes

Estas son las comidas que causan más problemas sin incluir el azúcar.

Leche

Huevos

Chocolates

Naranjas

Trigo

Queso

Tomate

Mandarina

Almendra

Cuando omitas una o más de las sustancias o alimentos de la lista anterior podrías sustituirlos por o reemplazarlos por los siguientes; que no causarían efectos de hiperactividad.

Frijoles

Hongos

Coliflor

Pepino

Lechuga

Aguacate

Si usted reduce la leche y el quezo recuerde dar a su niño suplemento de calcio. Pequenas docies de multivitaminas son recomendables si ha reducido la dieta de su hijo/a. Recuerde que largas dosi de vitaminas les podría causar daño al hijado.

Si usted decea alterar la dieta de su hijo permanentemente es recomendable consultar a un pediatra nutricional.

Meriendas Y Vitaminas Suplementarias

Comer entre comidas puede ser divertido para muchos niños para otros puede ser beneficioso, los que son altamente activos y los que son de bajos apetitos. Los que tienen algún problema motor {Muscular} u oral que puede interferir con los nutrientes que estos comen. Usualmente los niños necesitan energía adicional para poder cumplir de una u otra comida. Es aquí donde la merienda juega un papel importante y debe de ser planeada cuidadosamente para que puedan obtener la cantidad de nutrientes necesario.

Recuerde la siguiente guía cuando prepare la merienda.

1 Seleccione frutas y vegetales, panes y cereales o productos lacitos. {Si selecciona la merienda de acuerdo a esta lista le estará dando a su hijo un 100% de los nutrientes básicos requeridos.

2 Desleí la merienda con dos horas de anticipación a la comida, pues de lo contrario el niño/no podrían perder el apetito.

3 No le permita a los niños convertir el día en un continuo periodo de meriendas.

4 Limite el uso del azúcar pues esta limita {elimina} el apetito y a su vez aumenta la posibilidad de ganar libras de más, además una

sobre abundancia de azúcar puede tener efectos en la salud del niño/no.

5 Limite las meriendas que incluyan comidas, caramelos, dulces, saladitos etc. Estas comidas son altas en gordura y sal ya que son un alto contribuyente en problemas cardiacos, además su costo es alto y suplen alguno nutriente necesario.

6 Permítale al niño ayudarle en la preparación de los merienda. Los niños /as usualmente comen lo que ellos preparan.

7 Observe el patrón de merienda por varios días y si el niño/no come bien en las comidas usted encontrara que la merienda o los líquidos son muy frecuentes o demasiada cerca para la hora de la comida.

8 No sirva demasiado líquido como EJ; leche o jugo continuamente durante todo el día.

Excelente sugerencia para la merienda

1 Cubitos o lascas de quesos
2 Mantequilla de maní con galletas
3 Pequeño sanguis
4 Frutas fresca
5 Vegetales
6 Galletas

7 Yogurt

8 Cereales sin dulce

9 Tostada de quezo

10 Jugos {no dulces}

11 Leche

Merienda que no son recomendables

1 Bebidas suaves {refrescos}

2 Kool-aid

3 Papitas fritas {saladitos}

4 Caramelos

5 dulces

6 Te

7 Galleticas de dulces

Vitaminas como suplementos

Cuando el niño mantiene una dieta regularmente balanceada no necesita del consumo regular de estas, cuando el niño/no presenta algún tipo de deshabilita {anormalidad} es posible que necesite de ellos; En este caso es recomendable que sea el médico o un nutricionista quien determine cuál es la dosi indicada i cuantas dosi se deberá tomar al día.

Existe la opción en el mercado farmacológico {farmacia} de poder comprar vitaminas tomando en cuenta la edad del niño o persona y la dosis dependerá de las libras y la edad de la persona, podemos encontrar las instrucciones en la caga en la parte de afuera, otro dato importante es el chequear las fechas de vencimientos de todas las medicinas no solo las vitaminas TODAS EN GENERAL esto es sumamente importante.

Es conocido por todos que la deficiencia de ibero produce la anemia. El Aero es un nutriente esencial en la formación de las células rojas que son las encargadas de llevar el oxígeno a todas las partes del cuerpo. Es el nutriente más común a retener deficiencias en los niños puede ser causado por deferentes factores.

1 Periodos de rápidos crecimientos

2 Tomar leche excesiva

3 La ingestión de sustancias como polvo {tierra}, pinturas, papel etc.

4 Comidas inadecuadas {bajos en Aero}

5 Alguna condición médica.

Síntomas de deficiencia de hierro {Anemia}

1 Irritabilidad

2 Falta de atención

3 Poca energía

4 Pobre apetito

5 Respiración lenta

6 Se enferman con frecuencia

Nota: Es importante que comidas con alto contenido de vitamina de ibero sea añadida a la comida de los niños, de igual forma es importante que se le añada cierta porción de vitamina C ya que esta no puede ser remplazada por el organismo.

-Comidas ricas en Aero-

Carne orgánica

Carne de res, pescados

Pan enriquecido, CEREALES, granos, Frijoles.

Vegetales verdes EJ; espinacas, brócoli,

Frutas secas Ej.: dátiles, melocotones,

-Vitaminas C-

Jugo de naranja

Jugo de toronja

Limón

Mandarina

Fresas

Melón de agua

Jugo de tomate

Ejemplo de Menú

Este ejemplo puede ser usado como guía cuando preparen las comidas a sus hijos.

Desayuno

Jugo de naranja
Revoltillo de huevos
Tostada de mantequilla
Leche

Merienda en la mañana

Dulce de manzana {Frutas}

Almuerzo

Sopa de vegetales
Sanguis de pollo
Platanito de fruta
Leche

Merienda en la tarde

Mantequilla de maní con galleticas {Evítela si el niño /no es muy pequeño o tiene algún impedimento al tragar.

Una buena alimentación es esencial para un buen desarrollo fice Jugo de manzanas {Si padece de estreñimientos sustitúyalo por peras o melocotón, puede además rotárselos así el niño /no lo aburría.

Comida

Carne, Papas asadas, Brócoli, Pan de mantequilla
Y Leche.

Antes de dormir
Yogurt.

Una buena alimentación es esencial para un buen desarrollo físico y mental de todos los niños, de ello depende el crecimiento, la capacidad para aprender a desarrollar habilidades y las resistencias a las infecciones y la energía para tomar ventajas cuando las oportunidades aparecen.

Una buena nutrición en los niños/no con problemas de deshabilita es esencial: El niño o niña que esta entre el 10y el 20 por ciento por encima de su peso es considerado gordito, el que presente más del 20 por ciento por encima de su peso ideal es considerado obeso.

Los niños que presentan deshabilitéis como espina dorsal, síndrome de Down, Prader-willi síndrome son extremadamente de alto riesgo para convertirse en niños obesos.

Estos son algunas de las consecuencias que la obesidad puede traer en estos niños/as {en general}.

1 La obesidad ha sido relacionada con varios desordenes médicos como ej.: La diabetes, Alta presión arterial, se cardiacas ciertos tipos de cáncer.

2 El exceso de peso dificulta los movimientos de los músculos y de todo el cuerpo en general.

3 Afecta, además el orinar y las lágrimas del llanto.

4 Afecta además su apariencia su auto-estima.

Excelente merienda para controlar la obesidad

Manzanas, uvas, peras, melocotón, banana {una por día)
Melón, naranja, pina.

Vegetales

Zanahorias, brócoli, pepino, celera stocks

Nota:

Este seguro que el niño/no con el oral-motor
{Problemas para masticar} puedo comer estos alimentos con
efectividad.

Líquidos

Jugos de frutas y vegetales incluyendo el jugo de tomate.
Otros nutrientes alternos son: Huevos salcochados {No más de
Tres a la semanas), yogurt bajo en grasa, tajadas de frutas, poco
{no recomendables para niños menores de cinco años}

Ejemplo de un menú para controlar el peso

Desayuno:

Huevos batidos sin margarina
Cereal caliente de granos sin añadir ningún dulce
Leche bajo en grasas, 2 porciento.

Merienda en la mañana:

Naranja

Almuerzo:

Sopa de vegetales

Ensalada de pollo o sándwich

Platanito de fruta

Leche baja de grasa {descremada}

Merienda en la tarde:

Tostada de quezo

Jugo de manzana con vitamina c añadida

Comida:

Carne parcialmente cocinada {asada}

Aros {blanco}

Frijoles verdes {cocinados sin añadirles nada}

Pan de trigo

Leche descremada

Debido al desarrollo del cerebro y del sistema nervioso no
Es recomendable que la leche descremada no sea dada a los niños
hasta después de los cinco años si desea dárselo debe de consultar
antes a su médico o a su nutricionista.

Uno de los problemas más comunes en los niños deshabilitados con
problemas de desarrollo mental es el mal funcionamiento del sistema
motor {muscular} esto lleva como consecuencia a un punto crónico
para dar el cuerpo eliminar las sustancias que el cuerpo no asimila en

el proceso de la digestión y que pasan a ser residuos tóxicos del organismo.

Las causas varían de acuerdo a cada niño.

1 Inadecuada textura de las fibras.

2 Tomar inadecuadamente los líquidos.

3 Problemas ocasionados por los tonos de los músculos que puede ser muy alto o muy bajo.

4 Decaimiento se la actividad motor.

5 Mala posición al sentarse.

¿Qué podemos hacer para ayudar a controlar esta situación?

1 Aumentar la dieta de fibra

2 Aumentar el líquido ingerido {agua y jugos}

3 Ejercicios, un horario regular para ir al baño.

Las fibras adsorben el agua y aumentan el movimiento intestinal, este movimiento facilita la explicación del desecho del organismo. Por lo tanto es muy importante mantener una dieta alta en fibra.

Ejemplos de alimentos altos en fibra son:

Cereales

Frutas

Vegetales

Brócoli

Legumbres

1 Comentarios médicos y de conducta

2 Sugerencias

Comentario

En un pequeño folleto que nos fue entregado en la escuela a la que asisten mis hijos para más conocimiento sobre este tema dice:

Es un trastorno evolutivo irreversible que inhabilita el normal desarrollo intelectual y emocional de la persona.

Yo de acuerdo a la experiencia que tengo con mis hijos y tomando en cuenta sus diferentes grados de autismo más la diferencia de edades añadiéndole además las experiencias vividas en ambos casos afirmó que no estoy de acuerdo con lo dicho en este informe pues de ser así no hubiese ningún tipo de clases que lograra rehabilitar a dichos niños serian simplemente vegetales y este no es en todos ellos el caso. Mary mi hija ha mejorado notablemente en su expresión, su comportamiento, comenzó a tomar el roll de hermana mayor con junior esto quiere decir que aunque con lentitud su desarrollo ha ido avanzando. En cuanto a junior es muy observador y demasiado inteligente a pesar de su problema y de esto me sobran anécdotas de las cuales le contare a continuación.

Nosotros para evitarle a junior {Ernest} el peligro y que pudiera salir al patio a jugar cercamos el área con una cerca de madera; cuya cerca tiene su portón de madera de la cual solo mi esposo y yo tenemos llaves, pues bien él consiguió salirse del patio en dos ocasiones y en la tercera lo agarre por uno de los pies; El observo como hacía para salir la perra he hizo lo mismo que ella, de esta forma estaba libre para correr solo que mama lo descubrió y entonces todo se le termino.

He ahí que si son inteligentes y capaces por lo tanto tenemos que ser doblemente cuidadoso. Recordemos que su fantasía y su realidad se confunden en ocasiones y todo es una sola cosa. En cuanto a la época en que se manifiestan. Estoy completamente de acuerdo con dicho testo en los tres primeros años.

¿Cómo se diagnostica?

El diagnóstico es basado en la observación de la conducta del niño/no por ella recalco tanto en los capítulos anteriores sóbrelo mismo y aconsejo a los padres a que estén alerta.

De acuerdo a este folleto los tratamientos no son efectivos para todos los casos o sea que lo que puede funcionar para unos no funciona para otros y medicamente hablando no existe cura puesto que físicamente sus órganos no presentan {aparentemente} ningún problema.

Por ello yo opino que es importante que todos los padres y maestros hablen acerca de sus experiencia y que se tome nota de esto, quizás esa sea la clave para encontrar un método que nos ayuda todos a encontrar la luz.

Son extremadamente difíciles cuando hay que llevarlos al Doctor se necesita la ayuda de varios personas para poder reconocerla el trabajo a veces es agotador, se alteran y pueden llegar a ser agresivos, otros cogen tanto temor que no se mueven de sus asientos algunos como junio mi hijo termina corriendo por toda la consulta y al final sentado ellos en la cilla del doctor.

Algo que casi olvido comentarles es que los niños/no Autista les molesta los sonidos fuertes o agudos yo recuerdo que cuando algo de esto ocurría en casa ella se cubría los oídos con sus manitas. En cambio cuando escuchaba algo que le interesaba en el televisor, corría de una habitación a otra para ver de qué se trataba.

En el caso de mi hijo el me da a probar todo lo que come o toma cuando está en casa {conmigo} El no soporta comer si yo no como al menos una cucharadita de su comida en el caso de Mary si le pido ella Melo da pero tengo que pedírselo.

Un dato muy interesante y que he tomado para incluirlo aquí puesto que se parece mucho a lo que yo como madre pienso lo he recopilado del libro titulado Autismo; Orientación y Alerta escrito por Lilian Caza de Babosa Y José C. Barboza Muñiz, dice lo siguiente:

El doctor Norman Gershwin pensó que tenía que haber una relación anatómica entre el hecho que la mayor parte de la población son derechos para confirmar los examino 100 cerebros humanos pasmarte y encontró que el área del lenguaje en el lóbulo temporal era significativamente mayor en el hemisferio izquierdo.

Desde ese momento comenzó su búsqueda desde el punto de los hemisferios.

La teoría sugiere que la presencia de la testosterona en mayor concentración en los varones afecta al timo y que en consecuencia los niños padecen de más problemas de salud que las niñas; si el doctor tuviese razón esto puede causar que algunas partes del hemisferio derecho de los niños desarrollen más que el hemisferio Izquierdo en consecuencia hayan más zurdos varones que niños algo que ya es indicado por las estadísticas. Se podría especular que si un niño es zurdo y no desarrolla un cuerpo allozo mayor que el promedio, no podrá comunicarse verbalmente con la misma eficiencia que lo hace el que ha desarrollado el cuerpo callosa de mayor volumen etc.

Yo recomiendo a todos los padres leer con mucha atención del libro pues la considero muy importante e interesante y agradezco a sus escritores por tan valiosa información.

Podemos encontrarnos con niños autistas totalmente pacíficos o por el contrario con los que presentan conductas embarazosas estas pueden intensificarse cuando se les cambia de ambiente y que se explican con gritos, rabietas siendo auto o la hetera agresividad las notas más sobre salientes {mordiscos, arañazos; romper objetos, golpear la cabeza contra la pared u objetos contundente, arrancarse el pelo.

Si parece que pueda generalizarse el que todos ellos
Surjan en situaciones molesta, en lo que el niño o niña se encuentra agredido y trata de neutralizar las sensaciones penosas.

Sera necesario descubrir aquello que le molesta y hacerle caer en la cuenta de ello. En ocasiones se puede apreciar que sus agresiones son una demanda de afecto demorada o no satisfecha.

Son frecuentes los temores y los miedos antes objetos o situaciones, por otra parte puede aparecer la despreocupación total, la "no advertencia" de peligro.

Aparece también el temor a pérdidas de separación de las personas, objetos, situaciones.

Perdidas que de producirse requieren mucho esfuerzo y tiempo para ser elaboradas.

Esto es parte de un artículo que se encuentra en el libro El Autismo escrito por Jesús Garanto Aloes desde el punto de vista sicológico; Yo como madre y debido a mi experiencia que he ido acumulando en estos casi 11anos estoy totalmente segura y de acuerdo con este informe y sugiero lean este libro detenidamente pues en el podrán encontrar muchas respuestas a preguntas que todos los padres nos hacemos comenzamos en esta dura batalla.

Es necesario anotar que los niños Autistas tienen gran inclinación la música y el ritmo, tienen además una muy buena memoria fotográfica.

En el caso de mi hijo Ernest tiene una gran memoria puesto que cuando quiere algo no cede hasta conseguirlo aunque allá pasado cierto tiempo por ejemplo; cuando el teléfono se rompió y se compró otro nuevo él quería por supuesto le negamos el uso pues esto no es un artículo de juego; él no se enojó, no lloro, ni se mordió todo lo contrario ideo la forma de desviar mi atención para el lograr su cometido, y tengo que admitir que lo consiguió lo que prueba además su capacidad e inteligencia.

Tomándome por sorpresa tiro la grabadora de video al suelo y cuando voltio a recogerla el rápidamente tomo el teléfono y hablo por el o al menos marco los números.

Esto quiere decir que es un tonto aquel que menosprecie la capacidad y la inteligencia de mucho de estos niños Autistas.

Existen también teorías sobre si este síndrome es producido por diferentes desbalance bioquímicos metabólicos y enzimáticos.

Esto se basa en el papel que juegan en los estados emocionales la aladrarían noradrenalina, serotonina etc.

La única región del cerebro que puede haberse visto afectada por un traumatismo precoz y conducir al Autismo es el tálamo.

Tálamo es una arteria que se halla vascular lzado por la arteria celebrar posterior.

Estos datos interesantísimos son parte del libro. El Autismo que vez más recomiendo leer cuidadosamente.

Cuando los llevo de visita a una casa lo primero que ambos hacen es recorrer todo la casa, pienso que esto es para familiarizarse con el medio ambiente en el caso de Ernest registra hasta el refrigerador, después de reconocido el terreno comienza a jugar y esto pasa a segundo plano.

Entonces el juego y las personas de la casa toman el primer casi a la vez.

En cuanto a los animales no son su predilección solo los miran para hacerles maldades y estos les salen huyendo, me refiero a la perra que tenemos en casa específicamente sin embargo mar los adora sobre todo a los pequeñitos pero sus preferidos son los gatitos. Los niños Autistas aunque en ocasiones son agresivos mas pasado ese impulso que ellos no saben controlar tratan de hacer las paces "Amigos " con la persona que tuvieron el problema lo que muestr5a su capacidad y su nobleza.

Sagrado de entendimiento es inmenso por EJ: Cuando mi madre murió hace apena seis meses yo trate que la vida en casa se desarrollara de la manera más común, más a pesar de esto las ocasiones en la que Mary me ha visto triste o con los ojos lloroso se acerca a mí para besarme, es su forma de decirme: Yo estoy aquí y Yo te quiero mucho.

Cuando Ernest toma algo que perteneció a mi madre ella lo regana, se lo quita ay le dice a Junior Abu. O sea Yo diría Ernest eso no se toca, eso es un recuerdo de su abuela ella lo resume en dos pal; abras y en una actitud fuerte en su pronunciación.

Ambos son inteligentes al menos en el caso de mis hijos pero creo en esto influye el criarlos sin lastimas, la lastima no los ayudas despertar, trátenlo normal como cualquier otro niño tomando ciertas medidas de precaución con eso será más que suficientes.

Acabo de descubrir que en el libro La Diabética Libro 3 Capitulo IX=2 page #373.

Algo que ha llamado poderosamente mi atención aunque no termino aun de leerlo y no sé si es este el método que se está utilizando en las clases lingüísticas de los colegios a los que asisten los niños/no Autistas o con notros tipos de deshabilitéis, se trata de una técnica llamada "La técnica de Palabras sueltas."

Esta técnica es muy valiosa y muy útiles un tipo especial de técnica repetitiva. En la mayoría de los pacientes la repetición que ellos mismos hacen de una palabra causara que los palabras asociadas se sugieran por sí mismo esto es parte del enfoque que da su autor Cuando este autor o autores pues en realidad no sé si fue uno o más de un autor los que colaboraron para este libro señalan lo siguiente:

1 La mente percibe, plantea y resuelve problemas relacionados con la supervivencia.

2 La mente analítica computa en diferencias.

3 La mente reactiva computa en identidades.

El que ustedes lean un poco o todo lo posible a cerca de esto lo dejo únicamente a su flexión, Yo considero interesante, útil e instructivo además de necesario pues podría ayudar a encontrar la luz que todos buscamos.

Una de las cosas que más nos desespera a nosotros las madres es ensenara hacer uso del baño para esto lo único que se puede recomendar es paciencia y mucha constancia aunque hay ocasiones en que la paciencia llega a su límite, estime paso con Mary y aunque no es el método más aconsejable trabajo al punto que a partir de ese día ella comenzó a ir al baño y nunca más lo hizo fuera de este, lo que ocurrió la hizo cambiar no fue el regano fuerte ni las dos correazos en las piernas sino el hacer que ella recogiera el excrementico el papel y después limpiara con el mapo. Ahora bien cada padre deberá de hacer lo que estime más conveniente con ella yo había agotado todas los métodos; tenia 7anos le dio tanto asco que aprendió la lección. Nunca más de todas maneras esto debe de ser la última objeción.

Hace dos días atrás Ernest vio que yo estaba limpiando tomo el paño de fregar lo mojo y me lo encontró limpiando las gabinetes por fuera, la mojaron fue enorme pero la intención fue estupenda.

Ahora duerme son los 3: 21 de la tarde anoche no durmió nada, ojala y me deje dormir esta noche. La otra noche yo estaba curándome una pierna de una picada que tengo infestada y Ernest estaba observando, el resultado final fue que el término curándome.

En estos días estamos arreglando el fraile, la rutina ha variado totalmente ellos se han alterado he tenido que suministrarle en ocasiones una cucharada de Benadril en la mañana y otra en la noche a la hora de dormir aun así Ernest ha empezado a experimentarla caída del pelo debido a la hiperactividad.

Mary en cambio le pasa impacción a todos lo que van haciendo lo examina para ver si está de acuerdo a sus satisfacción hasta parece que sí.

Hoy después de varios días y acontecimientos tomo de nuevo el lápiz para continuar con los comentarios.

En el día 16 de julio del año 1994 a las 4: 25 de la tarde hace apenas unos minutos llegamos mis tres hijos y yo del restaurante de comida rápida McDonald esta es la primera vez que entran al restaurant.

Mary en ningún momento lucio sorprendida ni atemorizada en cambio junior {Ernest} su primera reacción fue al bajar del carro, curiosidad al entrar se expresó tímido {con miedo} se aguantada de mi mano y se escondía detrás de mí, al escuchar lo que yo decía perdió el miedo, llegamos al mostrador pedimos la comida y el resto del comportamiento fue normal como cualquier otro niño comió todo lo que quiso, después lo dejes jugar en el parquecito que tiene el restaurant para los tres fue muy divertido para él fue especial.

Al llegar a casa lo deje con mi hija Esther para que viera la televisión y se relajara, después de algo que para él había sido toda una nueva y maravillosa experiencia.

Hoy mi hermano y mi cunada salía a comer y la pequeña y risueña Yesica quedaría a mi cuidado ella es apenas una de niña de seis meces en un momento en que todos estábamos conversando animadamente; Ernest quiso llamar la atención y yo diría que más que nada por celos tomo un objeto y lo lanzo al coral mi quenada y yo nos quedamos fría pero gracias a Dios a la niña no le ocurrió nada entonces decidimos ponerlos en habitaciones separados de esta forma ambos estarían a salvo.

En cambio Mary jugaba con ellas y las marugas la niña {mi sobrina se reía y en ocasiones bailaba moviendo su cuerpecito de un lado a otro).

Mary a pesar de ser algo celosa es cariñosa y siempre que se ha tratado de un niño pequeño quizás porque los siente indefenso los queda y protege como si ella fuera una mama.

Comenzó el verano y mis tres hijos incluyendo a Esther se aburen dentro de caza sin dar por contadora falta de un aire central que en un fraile es bastante decir pues bien: A mi esposo se le ocurrió hacer algo que no hacemos todas los veranos siempre se le compra una piscina pero nunca se le había hecho un plan con arena Ester y Ernest lo han disfrutados mucho pero cabe, duda que lo más que lo ha disfrutado es Mary aunque esto me ha traído problemas con los vecinos. Para ella como para todo niño/no hay formas de jugar que a los mayores les molesta y aunque en muchas ocasiones tienen la razón se les olvida que ellos cuando niños también lo hicieron y pierden el control comportándose como si fuesen ellos los niños/más y estos los adultos.

Mary le encanta jugar con la arena y de vez en cuando hace bolas que tira a la cerca o al aire en ocasiones se las tiran uno a otros se divierten terriblemente.

Ustedes se divierten terriblemente, ustedes se preguntaran ¿Cuál es el problema? El problema es que al vivir en un fraile el patio es pequeño y esto causa problemas con los vecinos, pues lo que para ellos es un juego para los vecinos resulta fastidioso.

Sugerencias al DCS

En el día de ayer ocurrieron hechos que definitivamente me hicieron sentir muy mal hay que ver hasta dónde llega la inconciencia de muchas gentes que no están preparadas para ocupar los cargos que ocupan:

Los sucesos son los siguientes: Mary se encontraba mal, Yo llame a la consulta de su doctor él no se encontraba pues estaba en vacaciones por un mes, El doctor no aviso a sus pacientes para que estos en caso de emergencia sepan que hacer y a donde ir, el de una manera muy responsable deja a otra doctora a cargo de sus pacientes solo que algo falla, algo muy importante; mudan la consulta y no avisan finalmente estos son los hechos; Me levanto temprano y levanto a mis hijos con la idea de ser uno de los primeros en la consulta para evitar que el niño se pusiera muy hiperactivo llegamos a la consulta regular {no había ningún tipo de papel o nota que indicara que se habían mudado} tomamos el elevador al número tres que era el piso de la consulta no funcionaba entonces mis tres hijos y yo tomamos las escaleras, cuando al fin alcanzamos el tercer piso la puerta estaba cerrada entonces nos cansamos de gritar y tocar y nadie habría al fin decidimos volver a casa resolví algunas cosas que tenía pendiente y de nuevo llamamos desde la casa, entonces supe de la mudada y me fue dada la nueva dirección finalmente a las 2y

30 aproximadamente salimos llegando a la consulta antes de las tres de la tarde y no fue hasta pasada las 5:00 que salimos de la consulta, ante que nosotros salieron otras personas cuyos casos no eran de urgencias y que llegaron mucho después; el resultado fue el que yo me temía y había estado tratando de evitar el niño se aceleró, como yo temía y tuvo una especie de ataque que yo tuve que controlar, finalmente.

Mary atendida pero no me fui sin decirle a ellos su merecido por incompetentes e irresponsables.

Ya que no saben darles prioridad a los casos que realmente los tienen, el niño salió de ahí con los labios partidos y una herida en una mano más un cabezas; Por poco es a él a quien tengo que llevar al hospital.

Nosotros quiñes tenemos familiares con cualquier tipo de impedimento tenemos que luchar muchas veces con la con la inconciencia e insuficiencia de muchos en ocasiones nos sentimos frustrados pero por esto no podemos detener nuestra lucha ni nuestro esfuerzo y lo que es peor y mejor.

Seguir queriendo y ayudando a todos los que como ellos necesitan de nuestra ayuda, cariño y protección.

Esta no es la primera vez que nos ocurre; en una ocasión siendo Mary muy pequeña la llevaba con neurólogo que nos habían recomendado, la experiencia fue catastrófica.

Parece mentira que estas cosas ocurran y que sean precisamente profesionales de la salud por ello me atrevo a proponer algo al departamento de salud y el children's services.

Que se creen pequeños policlínicos y que todo médico que trabaje con estos niños/as o personas mayores con algún tipo de impedimento y acepte medique trabaje cierto números de horas en estos lugares, que los turnos se den, y si se dicen a las cuatros sean atendidos a esa hora y no se hagan esperar por tiempo indefinido, si llegada la hora no se encuentra el paciente se pase al próximo y si llega el que le tocaba el turno se le dé entrada próximamente y solos los casos de emergencias se intercalen {de ser posible que exista una sesión aparte para estos casos} estos facilitaría las cosas y todos saldrían beneficiados.

Las oficinas serian manejadas por agentes del DCS de esta manera se evitarían la estafa y la fuga de tanto dinero que en definitiva nos perjudica a todos y los médicos y el resto del personal se quedarían de tratar mejor a los pacientes Poe igual {ellos tendrían definitivamente mejor servicios de salud y un poco más de respeto como el que ellos se merecen.

Conclusión

Espero que este pequeño libro les haya dado a todos un poquito más de amplitud de cómo tratar dicho síndrome. Yo mejor que nadie sé que no es fácil pero yo también sé que es nuestro deber y compromiso moral el agotar TODOS LOS CAMINOS POCIBLES para lograr el adjetivo con resultados positivos al final. Haciendo un breve resumen yo diría.

1 Observen muy sede cerca el desarrollo de los niños desde una temprana edad {infancia, sus primeros cinco años} son fundamentales en su desarrollo.

2 Si es muy selectivo

3 Es retraído

4 Finge no escuchar cuando se le habla

5 Comienza a caminar con las puntas de los pies

6 Juega cosijo mismo aunque este rodeado de otros niños Jugando a su alrededor.

7 Su vocabulario es escaso, o ninguno

8 Le justa la música

9 Tiene memoria fotostática {muy buena memoria}

10 Se enojan con facilidad

11 Son agresivo ocasionalmente

12 Son además posesivos y celosos

13 Son activos sexualmente

14 Sienten temor a la oscuridad

15 Tienen facilidades para las acrobacias

Caminan en la punta de los pies, se paran de cabezas etc.

16 Algunos son observadores y buenos imitadores.

17 Emiten sonidos que no dicen nada

En resumen no los pierdan de vista si nota alguno de estos síntomas por favor busque AYUDA lo antes posible, no lo deje para mañana recuerde que el tiempo es muy importante en esta batalla.

Hay algo que no quiero ni puedo pasar por alto en este libro; estoé niños necesitan nuestra supervisión las 24 horas, en ocasiones nuestros esposos sic sienten abandonados y frustrados al mismo tiempo entonces la situación a quiere maíces difíciles la atmosfera se pone densa y pesada; La inteligencia de la mujer, la firmeza y la comunicación se imponen es la única forma siendo claras, precisa y directa pondremos de nuevo cada pieza del rompecabezas que forma la familia en su puesto de no hacerlo así la situación podría empeorar y los resultados podrían ser en el peor de los casos hasta la rotura matrimonial, más cuando Ernest me acaricia la cara con sus manitas tan pequeñas y me mira con un novio enamorado por primera vez y me llama mama para luego con temor de equivocarse decirme muy bajo I leve yo, cuando Mary corre hacia mí con sus brazos extendidos a la salida del colegio y me abraza fuertemente, significa que no importa todos los trabajos que pacemos, ellos están ahí y son y seguirán siendo siempre lo primero.

Agradezco por medio de estas pequeñas letras a todos los que están trabajando arduamente en encontrar una solución positiva a este síndrome, a todos los que ensenan y educan a estos niños y adultos, a los doctores que tratan de mantenerlos con buena salud y sobre todo a sus familiares que día a día luchan contra este síndrome.

Dedicatoria:

Este libro es diferente a todo lo que hasta ahora yo he escrito, los demás han sido poemas políticos, poemas de niños, para niños, cuentos he incluso canciones de diferentes estilos (hasta ahora no han sido publicada solo los amigos poseen copias).

Este libro que yo espere poder publicar, es más profundo, es mi punto de vista de tratar con un síndrome como lo es el Autismo. Tiene además datos de otros libros que considero son importante y podrían ayudamos a entender mejor el proceso, además pretendo añadir la experiencia de algunos profesores y hacer un libro que estudie los diferentes ángulos tratos de dar así a los padres y la sociedad una idea más completa del problema en cuestión.

Dedico este libro a todo los que luchan por encontrar unos remedios efectivos y especialmente a todos aquellos que están atrapados en este laberinto pero más que a nada a mis dos hijos Autista para quienes deseo lo mejor, Mary y Ernest.

Yo soy un niño autista

Y un mundo me cree

Para vivir tranquilo

Con alegría y fe

Yo soy un niño autista

Que al mundo rechazo

Pues paz quiero en la tierra

Como la quiero Dios

Yo soy el niño autista

Al que nadie entendió

El que vive en lo sueños

Y está lleno de Amor.

Dedicado a los padres, educadores, medios, científicos y todos los que de un modo u otro luchan por esta causa dedico unas estrofas de mi poema preferido un poema que escribí y dedique al creador de universo que dice lo siguiente:

Dios es el Amor

La vida eterna

La pureza del alma

La razón

Quien libera la carga

Por pesada

Quien no finge

Ni sabe de traición

Es por ello Amor

Que cuando lloro

Pienso en Dios

Pienso en Dios

Ahora solo me queda darles las gracias y desearles a todos "Buena Suerte".